JN089512

母ちゃんのフラフープ
田村淳

母ちゃんのフラフープ

田村 淳

ブックマン社

誰もがそうとは言わないが、親とは二回、別れがある。
一度目の別れは、子どもが実家を出て行くとき。
二度目の別れは、親がこの世から出て行くときだ。
そして願わくは、二度目の別れはずっと先送りしておきたいけれど。

２０２０年８月

僕は膝の上に長女を乗せたまま、車窓を流れる景色を見ていた。

「うみだ！　パパ、うみが見えた！」

トンネルを抜けると、夏の光をキラキラと反射させた青い海が視界に広がった。３歳の長女がはしゃいでいる。隣の席では、生まれてまだ２ヵ月の次女が妻に抱かれて眠っている。お盆の季節だというのに、新型コロナ感染症のせいで電車内の人はまばらだ。「この夏は特別な夏。だから帰省は控えて」と都知事も言っていた。でも僕は今、家族４人で実家への道を急いでいる。次女にとっては生まれて初めての旅である。

特別な夏――その言葉ばかりが、頭のなかで繰り返される。

「ねえパパ、ばあばのおうち、もうすぐつく？」

久しぶりの家族一緒のお出かけに、長女の目は輝きっぱなしだ。

「うん、もうすぐだからね」

「ばあばとじいじ、もう待ってる？」

「待ってるよ、首を長くして」

「ばあばとじいじと会ったら、何してあそぶ？　水族館いく？」

今日は遊べないんだよ、ばあばのお家に行ったら、ママとおとなしくしてようね、と妻が微笑む。妻は何度も僕の実家に行ってくれているが、今日は少し緊張気味だ。

「きょう、あそべないの？」

「ごめんね。あまり遊べないかもしれない。今日は静かにしてよう」

長女は不思議そうな顔をすると、また車窓に額をくっつけて海を見つめた。

「遊べないけどさ、ばあばといっぱい、お話ししてくれるかな？　ばあばの顔を忘れないようにちゃんと見て、覚えて帰ろうか。ばあば、お誕生日だからね。おめでとうって言える？」

「わかった。ばあばとおはなしする。おめでとうっていう」

僕は長女をぎゅっと抱き寄せた。長女は、ばあばとじいじが大好きだ。これも、娘を連れて何度も下関《しものせき》に通ってくれた妻のおかげだ。夫の実家に遊びに行くのは気が重いんじゃないか、と訊いたこともあったけど、「まったくそんなことはない。あなたのご両親は、私のことを本当の娘みたいに扱ってくれるから」と言っていた。そんな妻が、僕の横顔を黙って見ている。「まもなく下関、下関」とアナウンスが流れる。帰って来た。いつもと同じ夏の景色のはずが、何もかもが違って見える。駅からタクシーをつかまえる。

チリリンと軒下の風鈴が揺れる。

ただいま！　と靴を脱いだ。そのあとに妻と娘が続く。おお、よう来たな、父ちゃんが玄関までやって来る。弟家族の靴も、もう玄関にあった。「じいじ！」。成長した孫に目を細め、そして、妻の腕に抱かれた新たな孫の顔を覗《のぞ》き込む。赤ん坊連れて大変だっただろう、暑かったかい、ありがとうねえ、忙しいのに悪かったなあと妻と僕を交互に見ては笑ってみせる。だけどその横顔が、張り詰めている。

「おかえり」

母ちゃんの声が奥から聞こえる。

消え入りそうな小さな声だったが、僕は安堵し、緊張していた自分に気がつく。大丈夫。間に合ったのだ。和室に置かれた見慣れぬ介護用ベッドに、母ちゃんは横たわっていた。また、痩せていた。ベッドを入れるため、畳だった部屋をフローリングに替えたと1週間前に父ちゃんがＬＩＮＥで連絡してきた。その部屋だけ真新しい床板が張られていた。

父ちゃんが慣れない手つきで介護ベッドのリモコンを押し、少しだけ傾斜をつける。

「よう来てくれたなあ」と母ちゃんが微笑む。「ばあば。おたんじょうび、おめでとうございます」。長女の言葉に、顔をほころばせた。

「母ちゃん、体しんどくないか?」

「今日は、気分がええよ」

「何か飲む?」

「今は、いらん」

帰省するたびに母ちゃんがかけてくれていた言葉を、今は僕が言っている。

8月10日の72歳の誕生日を家で祝いたいと母ちゃんが言っていると、父ちゃんからLINEがきたのは先月のことだった。母ちゃんが大腿骨《だいたいこつ》を骨折したのは6月下旬のことで、それから市民病院に入院していた。ちょうど次女が生まれた月だ。

母ちゃんの骨折は、がんの骨転移によるものだった。転移は骨だけでなく、他の臓器にも広がっていた。『がんが、どんどん母ちゃんに悪さをしてきているみたいだ』と、父ちゃんからくるLINEのメッセージは日に日に重いものになっていく。そして毎日、痩せていく、とあった。『だんだん呼吸が浅くなってきた。飯をもうほぼ食わん……』

もう長くないかもしれない、家族の誰もがそう感じていた。でも僕たち兄弟は、父ちゃんとは別に母ちゃんともLINEでつながっていて、母ちゃんからくるそのLINEはいつだってあっけらかんとして、明るいものだった。『早く家に帰りたいよ』と変なキャラクターのスタンプとともに送られてきた。最後の自分の誕生日を家で過ごす。生まれたばかりの孫を抱く。そのふたつを目標に、母ちゃんは精一杯の力を振り絞ったのだ。

やがて和室に僕と母ちゃんのふたりだけになった。

「帰って来られてよかったな、母ちゃん」

母ちゃんは、しばらく黙ったままだったが、ふいに目を開けた。

「あつし」

「うん?」

「あした、病院に、戻らんといかんでしょう。このまま、ここで死んだら、お父ちゃんに、迷惑、かかるし」

「そんなこと言うのはまだ早いんじゃない?」

ううん、と母ちゃんは小さく首を横に振る。

「もう、しんどいわ。次に病院に戻ったら、痛み止めのモルヒネ、どんどん打ってもらう。眠ったままに、なる……もう二度と起きない……だから今日が、さいご。今日しか、今しか、ない。だから、なんでも言っておいてな」

強い瞳で僕を見る。顔がやつれた分、よけいに眼光が鋭くて、胸をぎゅっと掴《つか》まれたようで苦しい。ヘンだな。電車に揺られていたときはいろいろ話したいことがあったはずなのに、いざ母ちゃんと向き合うと、何を話していいのか思い浮かばない。僕は喋《しゃべ》りを商売にしているくせに。

本当は山のように話したいことがあるはずなのに。

風鈴の音がかすかに聞こえる。下関の夏の夕方は、変わらずのどかだ。

「楽しかったねえ、夏休みに、皆で行った島」

母ちゃんが天井を見ながら、ふいに目を細めた。

「島？　福江島《ふくえじま》のこと？」

「そう。毎年、家族で、夏休み……うれしかったねえ。……楽しいこと……たくさんあったけど……あの旅のこと……最近になってよう思い出すんよ」

福江島は長崎の五島《ごとう》列島にある、父ちゃんの生まれ育った島だ。父ちゃんはここの富江町《とみえちょう》山下というところで十代を過ごした。それから山口に出て、下関の彦島《ひこしま》に落ち着いた。父ちゃんはタワークレーンの運転手をして、母ちゃんは看護師をしながら、僕と弟を育ててくれた。

「あそこの海……きれいやったね」

「きれいやったね」

「花火も……きれいやったね」

母ちゃんと僕の目の前に今、福江の夏の海が広がっていた。きらきらと波が光っている。

僕と弟のひろしは、祖父《じい》ちゃんの家から近い山下の港で泳ぎ回る。朝は船の出入りがあるが、遊びに行く昼前には、漁は終わっていて泳ぎ放題だった。母ちゃんはその様子をうれしそうに眺めていた。父ちゃんは素潜りしてモリで魚を突いたり、サザエを獲ったりしていた。疲れると上がって、母ちゃんの作った塩にぎりにかぶりつく。それから甘い卵焼きと、キュウリの糠《ぬか》漬け。育ちざかりの僕たちは、いくつでもたいらげた。

陽が傾き始めて海があかね色に染まり出すと、祖父ちゃんの家に歩いて帰る。僕と弟は競争するようにぐんぐんと坂道を歩きながら、うしろから歩いて来る母ちゃんを何度も振り返った。日焼けした母ちゃんは、空になった弁当箱や水筒の入った袋を提《さ》げていた。「そんなに急がんともええよう」。母ちゃんの笑顔がうれしかった。

家に着くと、祖母《ばあ》ちゃんが沸かしてくれていた風呂に飛び込む。島の家の風呂は古いタイル張りで、それがなぜだか楽しかった。風呂から上がると僕たち兄弟は、パンツ一丁で縁側に出てすいかを食べた。蚊取り線香の煙がゆらゆらしていた。

「あつし……すいか食べ過ぎて……よくお腹こわしよったよね」

「そうだっけ。全然、覚えてないな」

「お腹……気ぃつけるんよ」

母ちゃんにとって、僕はいくつになっても子どもなのだ。

「福江島でさ、島の灯台、行ったよな」

「大瀬崎《おおせざき》灯台……やったか。海沿いを皆で歩いて行って……遠かったなあ……島の岬まで歩いて」

「あそこから見る海もきれいだったなあ」

「きれい……やったね」

本州でいちばん最後に沈む陽が見られるという灯台だ。今は島の観光名所になっている。断崖に建っている展望台に登ると、東シナ海をゆっくり行き交う何艘《なんそう》もの船が見えた。

「俺、中学生になってから一緒に島に行かなくなって、ごめんな。なんか、家族旅行とか恥ずかしくなっちゃって」

「……ええんよ。そういう年頃やけ……男の子は……特にな」

本当は、年に一度の家族旅行を楽しみにしていたはずなのに、そう言ってくれた。

「ほんとは母ちゃん、夏休みは父ちゃんの実家だけじゃなくて、自分が育った大分の別府にも行きたかったんじゃないんか?」

「……ええんよ。母ちゃん、福江島が好きやったけ。けど……1回だけ、別府に行ったことあったな……あつしが、5年生のときかな……豪勢な旅館に泊まったなぁ……夏休み……いつもうれしかった」

そんなに、夏の旅を楽しみにしていたのか。それなら僕も、中学になってても行けばよかった。それからひとしきり、僕と母ちゃんは思い出話に花を咲かせた。なぜだろう、大きな出来事ではなくて、どうでもいいようなことばかりが思い浮かぶ。話しながら、呼吸がさらにしんどそうな母ちゃんの、薄くなった手をさすった。

父ちゃんが家族のためにこの家を建ててくれたのは、僕が高校2年のときだ。生まれてからずっと社宅の小さい団地に住んでいた僕は、一戸建ての家に住むのが夢だった。それで父ちゃんと母ちゃんは、しゃかりきに働いて、この家を建てた。だけど、ここで僕が生活したのは、18歳で上京するまでのたった1年ほどで、弟もやがて家を出た。ふたりの息子が巣立った後、母ちゃんと父ちゃんはこの家でどんな会話をし、どんな暮らしをしてきたのだろう。年月とともに煤《すす》けた部屋の壁をあらためて見上げる。僕が家を出ると言ったとき、母ちゃん、寂しかったろうな。父ちゃんだって、がっかりしたはずだ。だから、家族の思い出はこの家よりも、狭い団地時代のことばかりだ。

いつのまにか夕方になって、蜩《ひぐらし》の鳴き声が聞こえてくる。

「あつし」

母ちゃんが、大きく息を吐く。

「うん？」

「言い忘れたこと……ないか」

「うん」

「奥さんと仲良くするんやで。子どもたち、大事にして……健康で……」

「わかっとる」

東京に戻らねばならない時間が迫っていた。

「じゃあ、そろそろ行くよ」

母ちゃんは、落ちくぼんだ目を見開いて僕の顔を穴があくほど見つめた。僕はその骨ばった手を握りしめた。この手で僕を育ててくれた。この手で撫《な》でられ、この手で叩《たた》かれ、この手があったから僕は大人になれたのだ。これ以上強く握ったら、折れそうで怖かった。

「じゃあね」

家の前にはもう、タクシーが待っていて、妻と娘たちは先に車に乗っていた。

「お待たせ」と明るく言いながら、後部座席に乗り込んだ。妻が静かに僕の顔を見る。

「もう、いいの？」

「何が？」

「もう全部言ってきた？　あなたの気持ち」

いや、まだだ。まだ、何か、言いたいことがある。言わなくちゃいけない。

「ごめん。もう一回行ってくる」

僕はタクシーの扉を開け、再び家のなかに飛び込んだ。

「母ちゃん！」

今度は、母ちゃんの体を強く抱きしめた。帰ったと思った息子が再び現れたので、母ちゃんは驚いて目を丸くした。そして、僕の背中を、弱い力ながら、ひっしと抱きしめ返した。

「からだ、気をつけるんよ」

「うん。母ちゃんも」

「ありがとうね。わかっとる。わかっとるよ」

「ありがとう。ありがとうね」

「ほら、あつし。飛行機、間に合わなくなる」

「うん」

「タクシー……待っとるよ」

「うん、わかっとる」

あのとき、母ちゃんを抱きしめていたのが、何秒だったか何分だったか、よく覚えていない。まるで重さを感じないその体を、僕はそっとベッドに戻した。母ちゃんは、笑っていた。

「気をつけるんよ」

「うん、じゃ、行って来ます！」

振り向きながら手を振って、元気よく部屋を出た。

これまで数えきれないほど実家に帰省したが、東京に戻るときには、「じゃあね！」とだけ言っていた。だけど、このときは「行って来ます」と口をついて出た。そう、18歳のときに僕はこう言って手を振って、この家を出た。あれから、30年も経ったんだ。

親とは二回、別れがある。
一度目の別れは、子どもが実家を出て行くとき。
二度目の別れは、永遠の別れである。

目次

カバー写真　野村佐紀子
ブックデザイン　秋吉あきら

第一章

母ちゃんと、彦島と、無謀な夢と

1973年（昭和48年）の12月、僕は山口県下関市の最南端にある彦島《ひこしま》で生まれた。関門海峡に囲まれた、本州から引きちぎられたような形をした11㎢の小さな島だ。小高い山があって、その裾野にぐるりと町がある。島といっても、彦島大橋で本土と結ばれているため、孤立した感じはない。彦島の人口は約2万5000人。商店街も学校も病院もある。

父ちゃんの名は等《ひとし》、母ちゃんは久仁子《くにこ》。父ちゃんは長崎の五島列島の生まれで、18歳のときに下関にやって来た。島から島へと渡った人生だ。母ちゃんは同じ九州の大分出身、温泉で有名な別府市で生まれた。父ちゃんが23歳、母ちゃんが22歳のときにふたりは結婚し、その3年後に僕が生まれた。

彦島は、父ちゃんの勤める三菱重工の造船所や漁業を営む家などがあって、工場地帯と漁村とが混ざり合っている不思議な土地だった。南風泊《はえどまり》漁港には、毎年、大量のふぐが水揚げされる。下関寄りの沖には、宮本武蔵と佐々木小次郎の決闘で知られる、巌流島《がんりゅうじま》も見えた。

島のいたるところに潮の匂いがしていた。

父ちゃんは長年、タワークレーンの運転手をしていた。タワークレーンとは、高い建物や大型船を建設するための、背の高い重機のこと。運転するには、特別な免許と熟練した運転技術がいる。僕は父ちゃんの会社の社宅の団地で育った。高度成長期、日本のあちこちに急激にできた典型的な団地だ。鉄筋コンクリートの5階建てだが、エレベーターなんかない。その2階が僕の家だった。間取りは、台所と小さい居間、両親の部屋、僕と3年後に生まれた弟との部屋の2LDKで、子ども心にその狭さにうんざりしていた。狭いベランダで母ちゃんは毎朝、家族4人分の洗濯物を干す。家族構成も、両親と子どもふたりというのが社宅家庭の定番で、あちこちの棟のベランダにパタパタと同じような洗濯物がはためいていた。

ちっちゃな頃から僕は、やたらと負けん気の強い、やんちゃ小僧だった。楽しいことが好きで目立ちたがり。好奇心のかたまりみたいな子どもで、じっとしているのが大の苦手だった。

看護師だった母ちゃんは、地元の病院に勤めていた。だから、僕と弟は家の近くの小さな保育園に通った。

園児は庭で遊んだり散歩に出かけたり、戻ると昼ごはんを食べ、昼寝をして、また遊ぶ。午後5時を知らせる音楽が鳴ると、お母さんたちがお迎えに来て、どの子も手を引かれて帰って行く。

子どもたちのさざめきがなくなると、急にしんとなった。僕ら兄弟はたいてい最後まで園にいた。お腹が減ってきた頃になって、「遅くなりましたぁ！」と、母ちゃんはいつも元気よく、バタバタと迎えに来た。いつもすみませんと先生たちに頭を下げながら、面白いことを言って笑わせていた。先生たちも、母ちゃんが看護師だということを知っているから、「いえいえ、お仕事大変ですね。今日もふたりとも、いい子にしていましたよ」と労《ねぎら》うように言っていた。

明るくて、お喋りが好きで、人を笑わすことも大好きな自慢の母ちゃんだった。僕らは園カバンを斜めがけしてうちに帰る。弟がいつも母ちゃんの手を握って甘えるから、僕は握らずに、ひとりで歩く。「こっちの手、あいてるよ」と言われても、グッとこらえて首を横に振る。

母ちゃんはうちに帰っても、うるさいほどよく喋った。そのお陰で僕も弟もどこか安心していられた。

保育園を卒園すると、島のほぼ真ん中にある下関市立江浦《えのうら》小学校に入学した。

小学2年生になった頃、母ちゃんは看護師の仕事を辞めた。代わりに、家の目の前のお肉屋さんでパートの仕事をするようになった。夜勤も頻繁にあり、急患が来たときはなかなか時間通りに家に帰れない看護師の仕事は、やんちゃ盛りの息子ふたりの子育てをしながらでは無理だと考えたのだろう。

そんな母ちゃんが、僕たち兄弟に、一貫して言っていたことがふたつある。

ひとつは**「人に迷惑だけはかけるな」**である。

めいわく、という言葉の意味さえよくわからなかった頃から、うるさいほど言われて身にしみついた。

僕が今も人の表情をよく見て行動するのは、この教えのおかげである。僕はこう見えて、ものすごく空気を読む人間だ。読み過ぎてしんどくなる日もあるくらいに。目の前にいる人に、もしかして何か嫌な思いをさせてしまっていないかといつも気にしながら仕事をしている。

もうひとつの母ちゃんの教えは、**「勉強はできなくていいけど、興味を持ったことは、とことんやれ」**である。

勉強はできなくてもいいと言う母親は珍しいと思う。

でも、その言葉にかえって刺激されたのか、僕は小学生の頃から勉強が好きだった。だからある日、「母ちゃん、塾に行きたい」と、頼み込んだ。

「なんで？　塾行って何やりたいんや？」

「全部やりたい。算数、国語、理科、社会。それから、英語もやってみたい」

母ちゃんはちょっと困った顔をする。そして何か言いかけた。そこで僕はすかさず言った。

「それからな、ソフトボール、ミニバスケ、書道も！」

「何をゆうてるの！」

「あとピアノ！　ピアノ弾けたら、カッコええやん」

さすがに母ちゃんは怒った。

「そんなお金、どこにもあるわけないわーね」

「なんで？　興味を持ったことはとことんやりなさいって、母ちゃんが僕に言ったろ？」

自分の希望が叶うまで、粘り強く言い続ける僕の性格も、この頃から変わっていない。

結局、ピアノ以外は全部、習わせてくれることになった。放課後、月曜日から金曜日まで学習塾に通って、他の時間はスポーツに当てる。

最近は『ロンドンハーツ』のおかげで、運動神経悪い芸人のレッテルを貼られている僕だが、子どもの頃は足が速くて、すばしっこかった。それは、母ちゃんに強制的にさせられていたジョギングのおかげだったかもしれない。小学校入学から卒業までの6年間、僕はずっと走り続けた。片や、弟が走らされることがなかったのは、どういう理由だったのか、今もってわからない。弟は兄を反面教師にしたのか、僕よりずっと冷静でしっかりした大人になった。母ちゃんは、落ち着きのない僕の性格をわかっていて、鍛錬させたかったのかもしれない。

毎朝6時に「起きろ。ほら、走って来い！」と母ちゃんは僕を叩き起こす。雨の日以外は、眠たい目をこすって出かけた。コースはどこを走ってもよかった。気分がいいときは、学校まで走って、さらにグラウンドまで回って帰って来たりした。気分が乗らないときは、走ったふりをして帰った。でも、母ちゃんのことだからきっとサボった日はわかっていたことだろう。それでも休まず、毎日続けることが重要だった。

「足が速かったらなんとかなる！」が、母ちゃんの口ぐせだった。

母ちゃん自身、かつて陸上部だったそうだ。まるで〝格言〟みたいな言葉だが、母ちゃんの経験を元にした哲学だったのだろうか。今ならば「足が速いだけでは、世の中どうにもならんよ」

と反論したくもなるけれど、母ちゃんの言葉にはいつも、説得力があった。どんなことにも、いつも懸命に、まるごとぶつかる人だったからかもしれない。

僕は、母ちゃんが看護師時代に働いていた病院には行ったことがなかったし、働いているところも見たことがない。だけど、家の前のお肉屋さんで働くようになってからは、いつでも母ちゃんが一生懸命仕事をしている姿を見ることができて、安心した。お客さんの注文を聞き、お肉を秤《はかり》にかけて、紙に包んで売る。どんなに忙しくても、とびきり明るい声で「ありがとうございました！」とお客さんひとりひとりに笑顔を向ける。母ちゃんは、家にいるときと同じで、一時も手を休めることはなかった。手を動かしながら、口も動かせる人だった。母ちゃんが休んでいるところなんて、僕は一度も見たことがないかもしれない。

学校が休みの日には、母ちゃんはお店の休憩時間になると、「お腹減ったでしょう。おやつを持ってきたよ！」と、トリのから揚げを持って来てくれた。当時、それはチューリップと呼ばれていて、手羽先をひっくり返した骨付きのから揚げだ。僕も弟も大好物で、休みの日は母ちゃんの休憩時間が待ち遠しかった。まるで、巣で待つツバメの雛鳥《ひなどり》が、親が運んで来てくれた餌《えさ》をついばむように僕たちが肉を頬張るのを見届けると、母ちゃんはまたパタパタと仕事に戻って行く。

お肉屋さんの仕事に続いて、いつからか母ちゃんは朝早くから大根を千切りにする内職を始めた。刺身のツマである。僕たちが起き出す頃には、千切りの大根の山が台所にはあった。その後に母ちゃんは、家族の朝食の準備に取りかかる。忘れ物はないか。宿題はやったか。昨日の体操着を出しておけ。僕らが食べる横で、学校のことを確認する。母ちゃんは、いつ食べていたんだろうか。思い出せない。

刺身のツマの内職を増やしたのも、考えてみれば、習い事を増やした僕のせいである。だけど子どもだった僕は、脳天気だった。それでもだんだんと、うちが貧乏なのだとわかってくる。同じ社宅にいるのになぜか、それぞれの家の経済状況は違っていた。いちばんそれがわかるのは、小遣いの差だった。僕の1日の小遣いは50円。1ヵ月で約1500円。しかし同級生たちはたいてい、1日100円もらっていた。2倍の格差である。駄菓子屋に行くと皆が僕の2倍買う。「え?あつしはおやつ、それだけ?」と友達は悪意なく訊いてくる。貧乏って悲しいな、イヤだなと思った。早く大人になって、早く島を出て働きたい、金を稼ぎたいとこの頃から思っていた。

それでも、兄弟でどうしても読みたい『少年ジャンプ』だけは買ってくれていた。それから、母ちゃんがあえて選んで買ってくれた漫画もある。『三国志』と、『日本の歴史』シリーズ、『タッチ』、『おーい!龍馬』も全巻あった。『三国志』は、横山光輝のもので60巻もあったのに買ってくれた。難しい言葉もあったが、10回以上は通しで読んだと思う。『三国志』の登場人物で好きなのは、やっぱり諸葛孔明《しょかつこうめい》だ。子どもながらに、なんとなくだが「企《くわだ》てる」みたいなことを学んだ気がする。孔明は思いもよらない戦術を考える天才だった。頭が柔らかく発想が豊かということだろうか。あのとき夢中で読んだ『三国志』が、今の僕の企画の仕事につながっているように思える。

そして『日本の歴史』を読んだことで、お城が好きになった。好きが高じて、8年前には〈日本城郭検定〉3級に合格した。いちばん好きなのは、愛知県の犬山城《いぬやま》。国宝指定されているお城が全国に5城あるが、そのなかでも犬山城はもっとも古く、行くたびにタイムスリップをしたような心地になる。

好きな武将は伊達政宗《だてまさむね》。尊敬しているのは高杉晋作《たかすぎしんさく》である。高杉は出身が僕と同じ長州。言わずと知れた、幕末の志士だ。萩《はぎ》の松下村塾《しょうかそん》で吉田松陰《よしだしょういん》に学んでいた。高杉は、彦島に縁がある。幕末、長州藩がイギリス、オランダ、フランス、アメリカの4つの大国を相手に闘った下関戦争（馬関《ばかん》戦争）のあげく、イギリスが彦島の租借《そしゃく》を要求してきたとき、植民地化されてなるものかと、藩主代理として断固、阻止したのが彼だった。4ヵ国の屈強な軍師たちを相手に、最後まで交渉し、彦島を譲らなかったなんてすごすぎると子ども心に尊敬した。「男子たるもの、困ったという一言だけは決して口にしてはいけない」というのが高杉晋作の口ぐせだったと僕に教えてくれたのは、確か母ちゃんだったかな……。

下関の観光名所として知られる功山寺《こうざんじ》は、高杉が明治維新の際に挙兵をしたという地で、彼の銅像が建っている。どうしても見たくて、小遣いから電車賃を貯めて見に行ったことがあった。しげしげと眺めて、感動した。

僕は、その時代を懸命に生きる熱い人が好きだ。特に、軍師黒田官兵衛《くろだかんべえ》や山中鹿之助《やまなかしかのすけ》といった、いわゆる参謀の生き様に駆り立てられる。一言でいえば、「一隅《いちぐう》を照らす」ことができる人。これは天台宗の教祖・最澄《さいちょう》の言葉だ。自分自身が置かれた場所で精一杯努力し、明るく光り輝くことができる人こそが、国の宝であると最澄は書き残している。母ちゃんの薦める作品には、少女漫画の類はひとつもなかった。母ちゃんはいわゆる芯の強い九州女だったから、息子にはこういうものを読ませたかったのかなと思う。読書を通じて僕は、自分もいつか一隅を照らす人になりたいと思うようになった。


夏休みに入ると、父ちゃんの生まれた五島列島の福江島に帰省する。点在する五島列島のなかでは、いちばん大きな島だ。福岡から長崎に出て、港からフェリーに乗る。3時間も乗る長旅だった。祖父ちゃんの家は福江港から車で30分ほどのところにあった。

毎日泳いで、真っ黒になった。漁業の島だから、朝、漁を終えた漁師さんたちは、あちこちで昼間から酒を呑んで楽しそうだった。たいていは腹巻にステテコ姿だった。

夜の座卓には、祖父ちゃんが釣って来た海の幸が、毎日これでもかというくらい並ぶ。分厚い刺身や伊勢海老……。今考えればものすごく贅沢《ぜいたく》なのに、子どもの僕にはあまり美味しいとは感じられなかった。

「母ちゃん、チューリップのから揚げが食べたいんよ」

わがままを言う僕を、いつも母ちゃんは叱った。

「何言いよるんかね、こんな立派なお刺身はめったに食べれんのよ。漁師の祖父ちゃんやけ釣れた魚よ」

島にはいくつか教会があった。五島列島には、かつて隠れキリシタンたちが祈った小さな教会が点在している。その頃は歴史などよくわからなかったが、きれいだなあと眺めたものだ。福江島は火山島だから、火山が開けた穴もあちこちにあった。富江《とみえ》溶岩トンネルの井坑《いあな》には、毎年のように行った。溶岩が流れ去ったあとにできた巨大なトンネルで、長崎県の天然記念物である。コウモリが飛び交うような不気味な暗闇が広がっている。なぜあんなに何回も行ったのかわからないが、父ちゃんが行きたがったのだ。父ちゃんの子ども時代の思い出だったりしたのだろうか。

もしも今後、一緒に福江島に行く機会があったら、訊いてみようと思っている。

記憶に鮮明にあるのは、福江港祭《みなとまつ》りで上がる花火だ。五島ではお盆に花火を打ち上げる。町じゅうの人たちが、それぞれ椅子やら敷物やらを持って、ぞろぞろと、山の中腹にある墓に行く。そして墓の前で大人たちはお酒を呑み、子どもたちは菓子を食べたりして、港から打ち上がる花火を楽しむのだ。ドーンと夜空に大輪の花が咲くと、歓声がわき上がる。

たいていの墓参りは切り花と線香を持って、静かな気持ちで手を合わせるのだろうが、この島では違った。日本で、お盆に墓に集まり花火を観る地域は、五島だけと聞いた。中国が近いから、爆竹と同じようなものとして弔《とむら》いの文化が伝わったのかもしれない。

「ご先祖様が喜んどるね」

大輪の花火を仰ぎながら母ちゃんは目を細めた。きっと母ちゃんも五島の人と結婚しなかったら、一生知ることがなかった風習だったのだろう。

福江島には他にもたくさんの祭りがあって、秋には五島の歴史や民話を題材にした、九州地方では珍しい〝ねぶた〟が町を練り歩くと父ちゃんから聞いた。いつか家族を連れて行ってみたいと思っている。

夏休みの島への帰省は、小学校を卒業するまで続いた。

小学3年生になった頃、同級生からいじめを受けた。ある日、それは急に始まったのだ。正義感が強い僕は、いじめられている人を見ていると黙っていられない。なんとしてでも助けたくなってしまう。この性分は今も基本的には同じだ。いじめっ子だったように見られがちだが、本当はその逆だ。

そのときのいじめの主犯は3人いた。いじめられている子を救おうとした僕が目立ってしまい、奴らの鼻についたらしい。攻撃の矛先《ほこさき》が急にこちらに変わったあの日のことを、一生忘れないだろう。気まぐれに人を貶《おとし》めることを面白がれる人間というのが身近に存在すると知った日だ。椅子に画鋲《がびょう》をまかれたり、給食の残りのパンが、カビが生えた状態で机の引き出しに詰め込まれていたり、黒板消しでバンバンと両頬を叩かれたりもした。叩かれるとチョークの粉が舞って呼吸ができない。でも、僕がそいつらから救った子は、僕のことを助けようとはしなかった。クラスの誰もが、自分が当事者にならないように距離を置きながら、薄笑いをするだけの傍観者だったことで、さらに絶望的な気持ちになった。

半年近くそうしたいじめが続いたある日、僕は反撃に打って出た。

やられたら、やり返す。

母ちゃんから買ってもらった『三国志』に学んだ教えである。親に相談をしてよけいな心配をかけるのも嫌だった。僕がひとり向かった先は、町のホームセンター。そこでヌンチャクを作る用材を買った。丸い木の棒を2本。そして、チェーンとネジ止め。なんでヌンチャクかというと、当時、香港の映画俳優、ジャッキー・チェンが僕の憧れのスターだったからだ。たいていの男子が、彼に憧れた時代だ。ジャッキー・チェンが鍛え抜かれた体でヌンチャクを振り回し、悪い奴を次から次へとやっつけていく映画を何作も観た。

ヌンチャクを器用に作り上げた僕は、それで3人に挑んだ。自分を守るためにやるしかない。教室に入ると、大声を上げながらヌンチャクを振り回し、暴れまくった。気持ちはすっかり巨大な悪に立ち向かうジャッキー・チェンである。その威力は想像以上で、気がつくと3人まとめてボコボコにしてしまった。翌日から、もう学校には行かない覚悟だった。当然、学校では大事件となり、僕は血相を変えた先生からひどく怒られ、ヌンチャクもその場で没収となった。

その夜、仕事から帰って来た母ちゃんに今日あったことをすべて話して説明した。

「ヌンチャクッ!?　あんた何を考えてるん!」

「だけど悪いのは、僕をいじめたあいつらだから」

「だからって武器を使って攻撃していいわけがないでしょう」

「1対3で、武器なしでどうやって勝つんだよ！」

まもなくして、けたたましく玄関のチャイムが鳴った。ドアを開けると、顔を赤く腫《は》らした3人が、その親たちと一緒にどかどかと上がり込んできた。

「田村君、あんた、自分が何したかわかっとるんか？　ヌンチャクを振り回したんだって？　うちの子が、こんな傷だらけや！」

「ひとつ間違えたら殺されるところだったんよ。これはもう、警察呼ぶしかないで？」

「そうや、暴力事件や。担任の先生にも今から来てもらいます！」

「……」

「田村さん、さっきから黙ってるけど、お宅では、息子さんにどういう教育をされているんですかッ？」

そこで母ちゃんは、いつもより低めのくぐもった声で言った。

「人に危害を加えたんだからあんたが悪い。あつし、謝りなさいッ！　ほらっ、頭を下げ！」

なんで僕が謝るんだ。向こうから攻撃してきたんだ。しかも僕は、たったひとりで闘ったんだ……被害者面《ヅラ》をしている3人の顔を、睨《にら》みつけた。

「謝りなさい！」

あまりに張り詰めた母ちゃんの声に、僕はしぶしぶ頭を下げた。警察沙汰《ざた》になったら、母ちゃんに迷惑がかかってしまう。悔しくてたまらなかったが、深々と頭を下げて、「ごめんなさい」と、大きな声で言った。すると母ちゃんは、「よし」と小さな声を出し、くるっと背を向けて、今度はその3人に向かって、こう言った。

「あなたたちが、3人がかりで最初にうちの息子をいじめたよね？　あつしの服、毎日、チョークの粉で真っ白やった。教科書も汚れていたし、ノートは落書きだらけ。いじめたのはあんたたちよね？　あつしは自分から人を攻撃したりする子どもじゃありません！　私は、許さんよ！」

母ちゃんのえらい剣幕に形勢逆転。3人はたじろいだ。その、あまりの堂々たる言いっぷりに、向こうの親たちも固くなって、それぞれ息子たちに「そうなのか!?」と問い質《ただ》す。

「あの、あの……すみませんでした！」

3人のひとりが頭を下げると、他のふたりも仏頂面であとに続いた。怒っていた親たちも、次第に恐縮したようになって、「すみませんでした。まさかこっちが先にいじめていたなんて、あの、このことはどうぞ内々に……」と謝った。僕は腹のなかで、母ちゃんに喝采《かっさい》を送った。

もしもあのとき、一方的に「謝りなさい」とだけ言われていたら、僕は母ちゃんに失望していただろう。その先もずっとわだかまりを持って生きたに違いない。ヘタしたら本格的にグレていた。

その翌日から、いじめはなくなった。これまで一度も話しかけてこなかった同級生たちが、やたらと話しかけてくるようになった。「アイツはキレたら何をするかわからん」という空気を作ったのである。

ヌンチャク事件は、今も僕の心に鮮明に残っている思い出のひとつだ。人が対立したとき、どうしたら最良の状態で矛《ほこ》を収めることができるのか、処し方を学んだ気がする。

そして、もう二度とクラスでいじめが起きないようにしようと考えた。誰とも喋らず、いじめられそうな雰囲気の子がいたら、積極的に話しかけて、そいつのいいところを大きな声でクラスに知らしめる役目を買って出た。「あいつ、めちゃくちゃアニメに詳しいよ」とか、相手の長所を引き出して、皆に伝える。そういうことを続けていくうち、やがて周囲も、「田村って、誰の話にも耳を傾けてくれる」という印象を持ってくれ、小学4年生のときには学級委員長になった。

さらに6年生のときは、児童会長だ。僕は、児童会長選挙運動を一生懸命やった。選挙公約は、「廊下は走ってはいけないというけれど、時には走らなければいけないこともある！」だった。この公約が、大好評だった。自分で考えた公約であるが、母ちゃんの言葉のようにも聞こえるのはなぜだろう。

ともかく、そのヌンチャク事件で僕の学校生活はガラリと変わったわけで、同時に、母ちゃんは僕のなかのヒロインならぬ、ヒーローになった。そう、ジャッキー・チェンと同格だ。ただし、無敵のヒーローは息子に対しても恐ろしい。それが身にしみたのが、5年生のときのことである。

何が原因だったかはわからないけれど、母ちゃんと、ものすごい大げんかになった。僕は相当なハネっかえりだったし、母ちゃんは母ちゃんで、何事も全力で向き合ってくる人だ。子どもだからって、手加減はしない。言い合いが続いたとき、頭に血が上った僕は「死ね！」と口走ってしまった。

その瞬間、母ちゃんの顔色が変わった。

しまったと思ったが、もう遅い。母ちゃんは疾風《はやて》のごとく台所に走ったかと思うと、いつもは大根の皮を剥《む》いている菜切り包丁を掴んで戻って来た。

「わかった。そんなん言うなら、母ちゃんを殺してみろッ」

自分と僕とのあいだの畳に深く、グサッとその刃を刺したのである。本当にグサッと音がした。足がすくんで動けなかった。

「ほら、どうした？　殺せって言ってるだろ！」

「あ……」

そのとき僕は、母ちゃんの顔に浮かんでいた怒りに、どんどん悲しみのような色が混ざっていくのをハッキリと見た。自分が口にしてしまったことの重大さを思い知った。「死ね」なんて、絶対に言葉にしちゃいけないんだ……。

「か、母ちゃん。ごめん、ごめん、ごめんなさい！」

母ちゃんはしばらく肩で息をしていたが、やがてすっくと立ち上がった。

畳から包丁を抜き取ると無言のまま台所に戻って、何事もなかったかのように夕飯の米を、シャッシャッと研ぎ始めた。

「ごめんなさい……」

もう一度、背中に小声で言った。母ちゃんは答えなかった。気づいたら僕は涙を流していた。

その夜、僕の好きなじゃがいもの大きいコロッケが食卓に並んだ。


あの日から今まで、僕は一度も人に対して、「死ね」という言葉を口にしたことはない。


この頃から、家のなかがざわざわして落ち着かなかった。

母ちゃんの実の父母、僕にとっては祖父母が長いこと入院していて、その世話もあったからだ。

大分の別府で暮らしていたふたりが下関にやって来たのは、僕がまだ保育園に通っていたときだ。

当時、大分で大きな水害があって、祖父ちゃんは職を失った。それまでガラス工場の社長をしていたというが、工場が壊滅《かいめつ》してしまったのだ。家も財産も失くして、下関の知り合いを頼ってやって来たという。うちの社宅は狭すぎて同居は無理ということで、最初はお寺に身を寄せて暮らしていた。ところがある日、その寺が放火されるという災難が降りかかった。確か僕が小1のときで、家族で慌てて駆けつけた。赤い火柱が空に立ち上っていたのをまだ覚えている。幸い、祖父母は炎に巻き込まれず、無事だった。

それから別の住まいに移って元気に過ごしていたのだが、3～4年後に、ふたりとも立て続けに病気になった。病状が違ったからか、ふたりは別々の病院に入院して治療を受けていた。母ちゃんは、仕事の合間に祖父ちゃんと祖母ちゃんのいるふたつの病院を、パジャマやタオルを持って行ったり来たりしていた。僕たちの子育てもあったから大変だったと思う。今でいう、ダブルケアというやつだ。

「今からお出かけするんよ！」と僕たち兄弟を誘うときは、決まってお見舞いだった。だけど、母ちゃんと一緒に出掛けられるなら、お見舞いでもうれしい。祖父ちゃん、祖母ちゃん、どちらの病院も、赤ん坊からお年寄りまでいろんな人たちがパジャマ姿でいた。自分と同年代の子が入院しているのを見て、複雑な気持ちにもなった。それまでは、入院するような病気になるのはお年寄りだけだと思っていたのだ。

消毒液のツンとする匂いが漂う病室で、祖父ちゃんも祖母ちゃんも、僕たちが行くととても喜んでくれた。よう来たよう来たと、お見舞いの人が置いていったお菓子や果物をくれたけれど、以前と違って、なんだか弱々しく見えた。僕たちが遊んでいる横で、看護師だった母ちゃんは、ふたりの体調をいつもしっかり聞き出して、もうすぐ良くなる、心配はいらんと励ましていた。祖父ちゃんの隣のベッドには、いつも点滴をつけて寝ているおじさんがいた。ベッドから起きている姿を見たことがなかった。

ある日、そのおじさんのベッドが空いていた。名札もはずされ、前から誰もいなかったように、まっさらなシーツがかかっている。「ねえ、お隣のおじさん、退院したの？」と訊ねると、「昨日の夜、亡くなったんだって」と母ちゃんは、小声で言った。

昨日までそこにいた人が、そこからいなくなる。それが、死ぬということなのか。

僕は呆然《ぼうぜん》とした。この世からいなくなるって、どういうこと？　いなくなった人は、どこへ行くの？　立て続けに質問すると、「あつしがもう少し大人になったらわかるようになるけーね」と、そっと頭を撫でてくれた。

それからしばらくして、祖母ちゃんが死んだ。その後を追うようにして、祖父ちゃんも逝った。

どこに行ってしまったんだろう。なぜ消えなくちゃいけないんだろう。死ぬって何なのか。よくわからなかったが、もうふたりに会えないと思うと涙が出た。そして、いつか誰もが死ぬのだということも漠然と理解した。ということは、父ちゃんも母ちゃんも、いずれ死ぬのか？　子ども心に恐ろしくて、そんな想像をすぐに頭のなかから打ち消した。それはずっと遠い未来のこと。そう、21世紀になってからだ。その頃にはきっと、死なない薬が発明されているだろう。だから今考える必要は、ないんだ。

母ちゃんは淡々といろいろな手続きをし、葬儀を取り仕切り、遺品整理をこなし、お寺さんと打ち合わせてお墓の準備をした。波乱万丈の人生だった両親が立て続けに亡くなって、悲しいはずなのに、母ちゃんが泣いているところを僕は見たことがない。その明るさと強さが、あの頃の我が家を支えてくれていたのかもしれない。

小学校時代の最大の思い出は、5年生のときのひとり旅だ。

茨城県のつくば市で開催される〈つくば科学万博〉（１９８５年）にどうしても行きたくて、母ちゃんに切り出した。

世界の最新技術が集結するというそのイベントの詳細を、テレビは連日紹介していた。まるで、

「ドラえもん」の漫画に出てくる未来、21世紀のような景色が広がっていた。どうしても、この目で、生で見たくなった。それにもちろん、茨城に行くということは、東京にも寄ることになる。僕はまだ、一度も東京に行ったことがなかった。何度も地図帳を眺めては、東京という文字にワクワクした。最初は家族皆で行きたいと提案したのだが、すぐに却下された。

「そんなお金、どこにもあるわけないわーね」

家族旅行が無理ならば、ひとりででも行きたいとお願いした。何ゆうてるの、と相手にされなかった。だが僕はあきらめない。事あるごとに、「あ〜! つくば博に行きたいなあ」と呟《つぶや》き、旅行代理店の軒先にあった〈ちびっこひとり旅〉というパンフレットをわざとらしく毎晩、枕元に置いて寝たのである。

「そんなに万博に行きたいん?」

ある日、母ちゃんのほうから根負《こんま》けしたように話しかけてきた。おっ、来たぞ来たぞ……僕は、諸葛孔明のようにほくそ笑んだ。

「行きたいです。行かせてください。ひとりでも大丈夫やけ!」

「茨城県って、どこにあるか知っちょるんかね?」

「知っちょるよ! 地図で見た。それから、もし〈つくば博〉に行かせてもらえるんなら、ディズニーランドも行きたい！　お願い！」

「遠いよ？　母ちゃんも父ちゃんも行ったことないけぇ。そんなところに、本当にひとりで行けるんかね？」

「行ける、絶対に行ける。旅費は貸してください。大人になったら絶対に返すから！」

「ふうん。ほんなら、あつしが大人になるまでに、すごい利息がつくわーね。母ちゃん、大金持ちゃんか！」

それから数日経って、母ちゃんはひとり旅を承諾してくれた。2泊3日の旅費3万9000円が、我が家にとっては大金なのは知っている。だけど母ちゃんは、父ちゃんを説得して、息子の夢を叶えてくれたのだ。旅館は母ちゃんが予約してくれた。

彦島をひとりで出たこともない僕なのに、不安は全然なかった。待ち遠しくて仕方がなかった。

幼い頃からの僕の〝この島から出たい願望〟。その夢に向かって一歩、踏み出した気がした。

小さい島の、小さい社宅に住む自分を思うと、いつも窮屈なズボンを穿《は》かされているみたいで息苦しい。もっと広い世界が見たかった。

当日、意気揚々とリュックを背負った僕に、母ちゃんは真剣な顔をして言った。

「あつし、東京はね、ぶち人が多くて、怖いところっちゃ。何かあったら、とにかく走って逃げるんよ」

「わかった。……足が速ければなんとかなる」

幼い頃から母に叩き込まれた〝格言〟である。走りに走ったジョギングが役立つときがようやくきた。

「誘拐されそうになったら、助けてえって大声も出すんよ。忘れちゃいけんよ？」

僕は大きく頷《うなず》いた。

下関は、寝台特急ブルートレイン〈あさかぜ〉の始発駅だ。下関駅から東京駅まで1117㎞。夕方5時頃に出発し、富士山の横を通る頃に明け方を迎えて、翌朝8時頃には東京駅に着く。東京駅から山手線で上野駅に行き、そこからまた、つくば行きの特急電車に乗る。何もかもが初めての大冒険だった。添乗員さんはいたけれど、万博会場に着いたら自由行動である。好奇心のままに展示館を夢中で見て回った。あんなにたくさんの人を見たのも初めてだった。そして翌日は、千葉県浦安市にある東京ディズニーランドへ。

小6で、ひとり旅をさせる親はあまりいないかもしれない。でも、こういうひとつひとつの成功体験の積み重ねが、自分の人生を作っていくのではないかと、今は思える。

家族の土産には、〈つくば博〉のマスコットキャラクターのコスモ星丸を、3個買った。それから迷いに迷ったあげく、母ちゃんが喜びそうな饅頭《まんじゅう》も買った。ディズニーランドのお土産は、どれも高すぎて手が出なかった記憶がある。

僕はもう、ひとりでどこへだって行ける！　この経験で将来の夢が無限に広がった気がした。その夜、得意げに旅の土産話を家族に披露した。弟は、いいなあいいなあと目を輝かせ、父ちゃんは、興奮気味の僕の話を、焼酎《しょうちゅう》片手にただ黙って聞いてくれていた。「すごいなあ。あつし。本当にひとりで東京に行けたなんて。かわいい子には旅させろ、やなぁ。行かせてよかったわぁ」と母ちゃんは、うれしそうに饅頭を頬張った。

1986年（昭和61年）に下関市立彦島中学校に入学した。

窓から見える景色も同じで、教室のなかもほぼ同じ顔ぶれで、進学したとはいえ何も変わらない日常に僕はうんざりしていた。変わったのは、お小遣いの額。母ちゃんと交渉の結果、1日50円だったのが、1ヵ月3000円にアップした。それでも、1日に換算したら100円だから、小学生の相場である。級友たちは中学に入ると、5000円くらいはもらっていた。貧しいのはイヤだと、またつくづく思い知らされた。僕はこの頃から、カッコいいことを追求し始めたため、狭い社宅に住んでいることも、よりコンプレックスになった。

戸建ての友達の家に行くと、ただただうらやましかった。自分だけの部屋があって、友達を呼べる応接間があって、庭には大きい犬がいる。週末になると、新聞の折り込みチラシを探して、住宅のチラシを見るようになった。一戸建ての家の間取り図と真剣ににらめっこして、「父ちゃんと母ちゃんの部屋がここ、弟の部屋はここ、僕はこの部屋で、ここに机とベッドを置いて……」と夢想するのが好きになった。そして、家というものが桁違《けたちが》いに高い買い物なのだとあらためて知った。お小遣いを貯めてどうにかなるものではない。やっぱり、貧乏はイヤだ。

島から出たいという思いも、いよいよ募っていった。

お金を稼ぐには、都会に出たほうがいいということがわかるようになってきた。東京は、遠すぎる。ならば、まずは大阪に行こうか。中学を卒業したら高校へは行かずに、島から出ようという野望が、どんどん自分のなかで膨《ふく》らんでいく。

何をしても生き抜いてやる。金持ちになってやる。細っこい体だし、持っているものは何もないけど、ヘンなたくましさだけはあった。

部活は、バスケットボール部に入ることにした。小学校時代の先生が、毎朝ジョギングをしている僕のことを見ていてくれて、6年生の頃からその先生に誘われてミニバスケットボールクラブに入っていたのだ。それに、バスケ部の男子は女子にモテることもなんとなく気がついていた。

野球部なんかと違って、坊主刈りにしなくていいのも魅力だった。しかし、彦島中学は山口県内でも知られるバスケの強豪校。顧問の藤井房雄《ふさお》先生は、昭和のスポ根漫画に登場するような典型的な鬼コーチだった。当時は時と場合によっては体罰が黙認される時代だったから、文字通りの鉄拳制裁もよく喰《く》らった。それでも藤井先生のことを部員たちは兄貴のように慕っていた。

何度も藤井先生から怒られ叩かれるうちに、僕は、相槌《あいづち》の打ち方の大切さに気がついた。説教をとりあえず全部聞く。途中で反論などしない。先生が僕の悪い点を指摘し終わってから、小声で「わかりました」と答え、反省の弁を述べる。そして（これはもう今の時代にあってはいけないことだが）殴られるときは、絶対によけない。きちんと殴られてから、わざとらしくなく、うまくよろけてみせる。そうすると先生のほうも「殴ってしまった」事実を重く受け止める。こちらがうまく殴られたときは、「先生だって、おまえらを殴りたくて殴っているんじゃないんだ。もうするなよ」となる。下手によけたり、反論したりするよりも短時間でイヤな時間が終わるのだ。誤解しないでほしいのだが、暴力を肯定したくてこんなことを書いているわけではない。どんな状況においても、相手の立場や気持ちを考えて行動したほうが、結果的にリスクが少なくて済むということを、中学のときに身をもって知ったのだ。

正月も返上で365日ハードな練習をさせられた。おかげで体力はついたものの勉強への興味は失せていくばかり。中学1年のときはまだ成績もよかったが、2年生になってからは、みるみる成績が落ちていった。そして、いわゆる反抗期が始まった。

父ちゃんとはほとんど口をきかなくなった。でも、同級生も皆、そんな感じだったから特に悩みもしなかった。「親と仲良くなんかしてられねえよ」というのが、ヤンキー文化が残っていたあの時代の、14歳男子の「正しい振る舞い」だった。

僕の父ちゃんはもともと、あまり喋らない人だった。寡黙《かもく》というとカッコいいけど、社交的でないのだ。いざというときはとても頼りになる半面、男は子育てに口を出さないという価値観を持った、典型的な昭和のオヤジだったのかもしれない。母ちゃんと正反対で、口下手。でも母ちゃんと同じで、曲がったことや嘘をつくことが嫌いな人ではあった。だからタワークレーンを扱うような、ひとりでできる作業が向いていたのだろう。自分が正しいと思ったら、頑固だから絶対に曲げない。ふたりとも折れないから、父ちゃんと母ちゃんは、仲良し夫婦とは言いがたかった。顔を合わせれば毎日毎晩、口論ばかりしていたように思う。そんなときは、僕は逃げるようにして外に出た。うんざりだった。家族って一体なんなんだ？　こんなにいがみ合っているのなら、別れてもいいのではないかと思った。でも、当時はまだ昭和。離婚するのは簡単ではなかったし、「あいつの親、離婚したらしいよ」などと学校でひそひそと噂《うわさ》が立つような時代だった。だけど、僕はかなり冷静に両親のことを見ていた。

そういえば、ずいぶんあとになってからだが、父ちゃんと母ちゃんのなれそめを聞いたことがあった。何かの話の流れからそれを聞いたのだが、父ちゃんがバイクで事故を起こして、骨折した。運ばれた先の病院に母ちゃんが看護師として勤務していたのだ。どうやら入院中に父ちゃんが、口説いたらしい。看護師と患者の恋? まるでテレビドラマみたいな出会いで、聞いたときには笑ってしまった。そんな運命の出会いだったのにいつからそりが合わなくなったのだろう……。


中学2年生の頃には、部活のバスケが忙しすぎて、僕の関心はますます勉強から離れて、やがて塾に行くこともなくなった。そのおかげで、強豪バスケ部でガードというポジションのレギュラーを獲得することができたが、母ちゃんは勉強嫌いになった僕にさぞかしがっかりしたことだろう。反抗期だから仕方がないとあきらめていたのかもしれない。

今ならば、あの頃、仕事に介護にと母ちゃんはどれだけ大変だったかがわかるし、そんななかで、パートで稼いだお金を僕の塾代に注ぎ込んでくれていたのもわかる。だけど、ふてくされ始めていた田舎の中学生にはわからない。いや、わかってはいても——ガチャガチャしていた重たい現実から逃げようとしていたのかもしれない。興味のあることが、他にどんどん移っていった。

異性のこともそうだ。初めてできた彼女は、僕のいたバスケ部といつも一緒に体育館で練習していた新体操部の子だった。だけど、「田村君と一緒にいても楽しくない」という理由でたった1週間でフラれた。大勢の前では面白くて楽しい僕なのに、女子とふたりきりになると緊張してしまい、相手の気持ちを考えられず、気の利いたセリフひとつ言えない。

一方、なぜだかわからないが、年上のスケバンのような人に「可愛い」と目をつけられて、無理やり交換日記をさせられるというハメになった。女子の秘密のようなことが書いてあったりもして、ドキドキした。早熟なほうだった僕でもよくわからないことばかりだ。

同級生に少しマセた杉本猛《たけし》君という男子がいた。僕は彼をタケシと呼び、教室で子分みたいに従《したが》えていた。

「タケシさあ、この交換日記に書いてあること、よくわかんないんだよね。なんかめんどくさくなってきちゃったからさ、俺の代わりに返事書いといてよ。適当でいいからさ」と、交換日記のノートを押しつけた。タケシは戸惑いながらも、僕の代筆をしてくれた。

それからまもなくして、母ちゃんに交換日記を見られてしまった。無造作に机に放り出していた僕が悪いのだけれども。

「ちょっと！　あつし君へ♡♡♡ラブって、何なん？　このノートは！　ラブ？」

「あ、実はそれ、僕じゃなくて、タケシが……」

「誰なん、じゃない。何なん、と聞いとる」

「いや……だから、向こうの人から、えっと、交換日記やろうって」

「今度ふたりで会いたいって書いてある。会うんか？　塾に行かなくなった思ったら、これなんか。これが理由か？　やめやめっ！　やめっ！」

グゥの音も出ない。それで交換日記も終了となった。

まあ、中学生の恋なんてそんなものだ。僕は異性に人一倍興味はあったものの、恋愛よりも、とにかく行動範囲を広げたくて、早く大人になりたくて、毎日ジリジリとしていたように思う。とはいえ、田舎町の子どもである。友達と彦島から下関に架かる橋を自転車で渡って、下関駅前まで行くくらいが精いっぱいだった。それでも島外の景色は新鮮で、冒険といえば冒険だった。

山口哲也君という友達とは、夜中もよく自転車で出歩いた。愛称をヤンチといった。

ヤンチも僕も別段、ワルかったわけではない。むしろ、夜中にたむろしてイキがっているだけのヤンキーを少し軽蔑《けいべつ》してもいた。だけど、夜の島内がどうなっているのかは知りたかったから、ヤンキーの人たちに嫌われないようにしながら探検に出ていたのだ。夜の島には昼間にはわからないことがたくさんあった。ここは飲み屋街なんだ、とか、ここにこんな店があるんだとか、へンに寂しい通りだなとか。スナックをやっているおじさんと知り合って、「遊びにおいで」と言われて、お店に行ったこともある。学校にバレたら大変だっただろうが、今みたいに、市民がやたらと通報するような時代ではない。

薄暗い灯りの下で大人たちが楽しそうに酒を酌《く》み交わしている。僕とヤンチはその横でコーラを飲む。ちょっと秘密めいた世界を覗き見るのは楽しかった。田舎町によくある小さいスナック街なのだが、まだ子どもだった自分には十分に妖《あや》しげだった。でもどこかで僕は、こんな小さなスナックで呑むような大人にはなりたくないな、とも思った。もっと都会の、フジテレビのドラマに出てくるようなお洒落《しゃれ》な店に行けるような大人になりたい。夜の島は魅力的だったけど、それ以上に寂れた感じが僕を不安にもさせて、ますます都会への憧れが募っていく。

対岸に見える門司港《もじこう》や小倉《こくら》あたりのきらめく灯りを眺めながら、真夜中までずっと話していたこともある。家に帰りたくなかったのだ。あたりは真っ暗で、埠頭《ふとう》に海峡の波がぶつかる音だけが響いている。

「俺さ、早くこの町を出て、働きたいんだわ。金を稼ぎたいんだ」

コーラを飲みすぎて、ゲップを吐き出すようにしてそう打ち明けた。生まれた場所は選べないけど、生きていく場所は選べるはずだ。僕とヤンチは、将来についてよく話した。もっと広い世界を見たいという気持ちは同じだった。あれから30年以上経つけれど、ヤンチとは今も仲がいい。彼は長距離トラックの運転手をやっていて、いろんな場所に行っている。たまにトラックで東京の我が家に遊びに来る。

芸能界に憧れるようになったのも、この頃だった。

世の中はバンドブームで、ユニコーンやBOØWY、ザ・ブルーハーツやJUN SKY WALKER(S)など、カッコいいバンドが次から次へと出てきて、放課後はいつも、バンドの話で盛り上がっていた。そして無性にほしくなったのが、ダブルカセット・デッキのついたコンポである。インターネットで音楽が配信される時代がくるなど、夢にも思わなかった時代だ。カセットを交換してダビングし合っている同級生たちが、とてつもなくうらやましかった。ラジオやテレビの歌番組から好きな曲を録音して、自分だけのオリジナルのカセットテープを編集し、友達同士で交換するのが当時流行していた。コンポが高価なものなのはわかっている。でも、僕もどうしてもオリジナルのカセットテープを作りたい。母ちゃんに頭を下げた。

「コンポ?　なんでそんなにほしいんか?」

しかしこのときの、僕の受け答えが非常にまずかった。

「皆が持ってるから」

「ふん、話にならんな。よそはよそ。うちはうち」

一刀両断だった。母ちゃんはくるっと背を向けて、仕事に出ようとする。

「母ちゃん、待ってよ！　本当にほしいんだよ」

「ほしいなら、どうしてほしいのかをちゃんと言葉で説明せんと。意見せんと」

「だから……」

僕は言葉に詰まった。母ちゃんという牙城《がじょう》は、やはり手ごわい。「ほしいものはほしい」では、母ちゃんには通じない。なぜそれがほしいのか？　なぜそれをやりたいのか？　母ちゃんが納得する理由が言えなければ、撃沈するしかない。

だから僕は、ほしい理由を箇条書きにした紙を渡した。さらに、つくば科学万博のときと同じように、コンポのカタログを枕の下に入れて寝た。僕が登校した後で、母ちゃんが布団を干しに来てくれるとき、ひらひらとカタログが落ちるように工夫した。

そんな努力の甲斐《かい》あって、その年のクリスマスに母ちゃんは念願のコンポを買ってくれた。数ヵ月お願いしていたものだったので、うれしさもひとしおだ。もしもすぐに買ってもらっていたら、あれほどの喜びを味わえなかったに違いない。当時の僕は、すぐには子どものリクエストに応えてくれない母ちゃんに苛立《いらだ》ちを覚えることもあった。だけど今となっては、そのおかげで、明快な価値基準が持てるようになったと感謝している。ほしい物は、すぐに手に入らないほうが、手に入れたときにそのありがたみがわかる。

コンポを買ってもらい、たくさんの音楽を聴いていくなかで、芸能界に対する憧れは、日ましに募っていった。どうにかして芸能界に入りたい。当時の女子たちに絶大なる人気があったアイドルは、ローラースケートで歌い踊る光GENJIだった。だが、ジャニーズ事務所はさすがにハードルが高すぎる。僕はあそこまで歌って踊ることはできない……当時、光GENJIと同じくらい人気があったのが、〈とんねるず〉だった。僕が中3のときに始まった、『とんねるずのみなさんのおかげです』は、日本中の全中学生の心を鷲掴《わしづか》みにしたと思う。

放送の翌日は、仮面ノリダーや、保毛尾田保毛男（今ではありえないが）の物真似で盛り上がった。お笑いなのに歌も歌えるし、ちょっと不良っぽいところもカッコいい。タカさんもノリさんも、一般人をいじるテクニックが絶妙だった。こういうお笑いがあるのかと衝撃を受けた。気づけば僕も、〈とんねるず〉のファンになっていた。だけど、インターネットのない時代のことである。〈とんねるず〉がどこの事務所だとかは、よくわからない。

芸人さんのいる事務所といって僕が真っ先に思いつくのは、やはり吉本興業というところだった。『オレたちひょうきん族』を小学校のときに夢中で観ていた世代にとっては、明石家さんまさんをはじめ、島田紳助さんや西川のりおさんが、毎週テレビで「吉本、吉本」と言っていたので、どういうところなのだろう？ と興味を持っていた。

もともと目立ちたがり屋だし、面白いことをやって笑わせたい性格だから、成績が悪くても、腐らずに学校だけは毎日行っていた。面白いことをやるとどっとウケて、皆に笑ってもらえたからだ。このうれしさは格別だった。さらには女の子にモテたいという気持ちも人一倍強かったと思う。自分のことを二枚目だとは思っていなかったが、地味な二枚目よりも、トークの上手い三枚目のほうが、実は女子にモテることにも気がついていた。

だからけっこうガールフレンドもできて、うちにも連れて行った。母ちゃんは、その子たちとも気さくに喋る人だった。

「ねえねえ、こんなドラ息子の、どこが好きなん？」

などと平気で言って、彼女たちもケラケラと笑っていた。「あつし君も面白いけど、お母さんはもっと面白いね」と言う子もいた。僕がいないときに来る子がいて「あんたがおらんでも、私とお喋りしてくれる子は好きなんよ」と母ちゃんもうれしそうだった。しかし、ガールフレンドの干支《えと》を気にすることだけはまいった。母ちゃんはすぐに「あの子、干支は何なん？」と訊いてきた。「え？　あの子、戌年《いぬ》なん？　あつしは丑《うし》だから合わんよ。別れたほうがええよ」なんてズバズバ言う。

「もう！　なんでも干支で決めるのはやめてよ」

「干支は大事よ」

大真面目な顔で、母ちゃんはそう言った。


中学3年生になって、いよいよ進路を決めなければならなくなった。僕は意を決し、高校には行かず、彦島を出て芸能界に入りたいと母ちゃんに伝えた。

「うん？　もう一度ゆうてみーね」

この子は何を言い出すのだ、という顔をされた。

「高校には行かない。芸能界を目指したい」

母ちゃんは僕の発言に目を丸くし、そして怒り出した。

「だめだめ、芸能界は怖いところやけ、しかも吉本興業なんやろ？　吉本ゆうたら、ヤクザゆう話よ。ヤクザって怖いんよ。やけえ、絶対にだめやけえ！」

「好きなことはとことんやってみろって、母ちゃん、いつも言いよるやんか！」

「そういう話じゃない。芸能界であんたに一体何ができるんよ？　身の丈を知れ！」

「母ちゃんは知らんかもしれんけど、俺、人を笑わすの、うまいよ？」

「ふん。笑わせるのぐらい、誰でもできるわーね」

「できんよ！　俺は面白いんよ」

「もう、せからしい（うるさい）！　いいかげんにしい！」

「やってみんとわからん！」

「やってみんでも私にはわかる！　だめなものはだめっちゃ。もうこの話は、これで終わり」

だからといって、すごすごとあきらめる僕じゃない。つくばへのひとり旅のときだって、コンポを買ってもらったときだって、あきらめなかったから夢が叶った。だから、事あるごとに何度も「芸能界に行きたい」と食い下がった。だが、今回だけはとりつく島がない。

でも、よく考えれば、母ちゃんは、家の外での僕がどんな人間なのかを知らないはずだ。

ガールフレンドを家に連れて行くときの僕は、少しカッコつけているし、わざと口数も少なくしていた。だから、クラスの皆に面白がられる、明るくてひょうきんな僕の姿を見たことはないはずだ。男というのは、家庭と学校では、違うキャラクターで生きているのだ。きっと、家では寡黙な父ちゃんだってそうに決まっている。もしかしたら……こういう話は、父ちゃんのほうが理解を示すのではないだろうか。

そう気がついて僕は戦法を変えた。まずは父ちゃんを説得しよう。当時の僕は、父ちゃんと言葉を交わすのは、もはや挨拶くらいだった。だからこそあらたまって相談すれば、聞く耳を持ってくれるのではないだろうか。


ある日、父ちゃんが芋焼酎のロックを呑みながら機嫌よさそうにテレビを観ているときを狙って、僕は切り出した。

「実は進路を決めたんだ。俺、中学を出たら彦島を出て、社会に出たい」

「島を出る？　出て、何をやるんだ？」

「大阪に行こうと思う。大阪に住んで、芸能界に進みたい。吉本興業とか」

「おまえは、バカか？　何を言い出すんかと思ったら！」

烈火のごとく怒鳴られた。久しぶりに父ちゃんの大声を聞いた。その怒りは母ちゃんどころではない。

「今の世の中、中卒で社会に出ることが、どんなに大変かわかっているのか？」

「……才能があれば、学歴なんて関係ないよ」

「バカも休み休み言え。高校だけは出とけ」

「なんで?」

「なんででもだ」

「俺、今すぐ働きたいんよ。島を出て、金稼ぐんだ」

「高校は出ろ!」

「なんで!」

「みそくそ言うな!」

父ちゃんはそれきり、このことには一切触れようとしなかった。「とにかく高校に行け」の一点張りだった。今まで学歴の話なんか一度もしたことがない父ちゃんが、なぜそこまで強く言い続けたか。あとになっての話なのだが、ある日、母ちゃんから話を聞いてストンと腑《ふ》に落ちた。

「お父ちゃんな、ようけ話さんけど、高校を出ておらんと」

「え?」

「もうじき卒業するっていう3日前にな、高校を退学したんやて」

「なんで?」

「先生と口論したってゆうてたな」

父ちゃんならやるかもしれない。きっと、やらねばならない理由があってのことだ。

「なんで？　なんであと3日、待てんかった？」

「理由は言わんけ、母ちゃんもわからん。口論して、なりゆきで、〝もう高校辞めます〟とゆうてしまったんやて。それで卒業できんで結局、中卒扱いになった。ほんで苦労したってときどき話してくれた。あの人、息子には同じ苦労させたくないっちゃ」

同じ苦労はさせたくない。その言葉が僕の胸にズシンと響いた。

ひとつ屋根の下に住んでいる家族であっても、互いに知らないこと、知ってほしくないことがあるのだと僕は気がついた。父ちゃんのこの話も、僕が高校へ行かないと言わなければ、ずっと知らないことだったかもしれない。


実はこの話には後日談がある。

それから30年近くが経って、父ちゃんの定年退職が近づいてきたときの話だ。僕ら兄弟はとうに実家を出て、別々に暮らしていたからまったく知らなかったのだが、父ちゃんは退職日がくる前に、会社を辞めてしまったというのである。年齢も年齢だから、管理職にまわるようにと上からお達しがあったのだが、「やりたくないです」とあっさり辞めたという。自分はずっとクレーンに乗っていたいから、というのが理由だった。事実、父ちゃんの腕は良かったらしい。田村さんでないと、これは運べないというものもたくさんあって、現場では一目置かれていたようなのだ。給料が上がるというのに断った。しかし、会社を辞めてしまうなんて、不器用というか、潔《いさぎよ》すぎるというか……。

自分に何の相談もなく長年勤めた会社を夫が辞めてしまったと聞いたら、奥さんの立場なら怒ってもいいはずだ。だけど、母ちゃんは笑って僕に話してくれた。「仕方がないね。お父ちゃんらしいわ」と。確かに父ちゃんらしいし、母ちゃんらしいなと思った。父ちゃんはきっと骨の髄まで職人気質で、現場を離れたくなかったのだ。僕もそんな血を継いでいるなと、ふっと感じることがある。生涯、現場で生きていたい。父親と違うとしたら、人が好きで、話すのが好きで、いつも人と関わっていたいところだ。ここだけは母ちゃん似なのである。

そういうわけで僕は結局、父ちゃんの言うことを聞いて高校に進学することになった。

入学したのは1989年（平成元年）、山口県立下関中央工業高校の建築科である。なぜ建築科を選んだかといえば、子どもの頃から、一戸建てに住みたくて不動産のチラシばかりを見ていたせいだ。いずれ自分の家を建てるときも、建築の知識があれば、意見を存分に言えるのではないかと思った。しかし、その頃はもはや建築への興味は薄れ、芸能界への夢がずっと勝っていた。

両親は、高校進学にとりあえずほっとしたようだが、僕は入学当初から高校へ通う意味を見失っていた。だから授業への態度もいい加減だった。するとまたもや母ちゃん、恐るべしである。早々に見抜いてこう言った。

「何か理由があって学校に行かないなら、行かんでもいい。ただ行きたくないだけだったら、母ちゃんは許さんよ」

母ちゃんの言っていることは正論だ。だからなんとか自分のなかに、高校に行く意味を見出そうとした。それならば、高校生活は芸能界へ入るための予行練習だと思えばいい。そう考えて以降、僕が学校へ行く目的は、中学生のとき以上に、場の空気を読んで立ち回り、皆を笑わせることに絞られた。勉強もスポーツもソツなくできていたが、どれも特別秀でているわけではない。目立つことだけ、あっちゃんといると楽しいと思われることだけが、自分の武器だと感じていた。

それに、僕は皆の意見をまとめ上げたりすることの、ちょっとした才覚があるのではないかと、ひそかに思っていた。意見がバラバラでまとまらないときに、つい進行役を買って出て、意見をまとめたくなってしまう。「それなら、多数決で決めようぜ」とリーダーシップを取ってしまう。誰も率先せず、いつまで経っても堂々巡りという状態に耐えられないのだ。もっと小さい頃、小学2年生くらいから気づいていた気がする。だからといって優等生ぶっていたわけではなく、夜は夜で、中学のときと同じように家を抜け出しては、ヤンチと島を探検して回った。地元のヤンキーの先輩たちともすっかり顔馴染みになっていた。彼らは夜な夜な、酒を呑んだりバイクに乗ったりもしていたが、そことつるむ気はなかった。だけど、同じ島で同じ夜を遊ぶ者同士、無視するわけにはいかない。強面《こわもて》の番長から、「おお、あつしじゃん！」などと名前を覚えられて、妙に可愛がられたこともある。「おまえさ、リーゼントにしないの？」と訊かれても、苦笑いして首を横に振った。正直、リーゼントなんかダサいと思っていた。僕は、目上の人に挨拶はちゃんとするけれど、おもねるようなことはしない。誰とでもフラットに付き合う。意味もなく群れるのが嫌いだから、そういったグループに入るわけではなかった。でも、先輩たちの話を聞くのは好きだった。皆、いいヤツだったし、何かしら鬱屈《うっくつ》したものを抱えていると知った。

実をいうと高校時代、僕も一度停学処分になった。喫煙して先生にバレたのだ。ちょっと背伸びをしたいときは、たいてい煙草《タバコ》に憧れる。まだそんな時代だった。煙草を吸いたいという気持ちより、カッコつけたい、大人になりたいという気持ちから、校舎裏でマルボロに火を点《つ》けたとたん、見つかってしまった。すぐさま母ちゃんが学校に呼び出された。

「本当に申し訳ございません。ちゃんと言って聞かせますから」

母ちゃんは何度も担任に頭を下げた。一緒に無言で校門を出た。大目玉を喰らうことを覚悟していたが、母ちゃんは黙ってタクシーを停め、ふたりで乗り込んだ。気まずかった。「母ちゃん、ごめんなさい」と頭を下げる。

「ふん、だから煙草はいけん、吸うなってゆうたやろ」

ほんの少しドスのかかった声で言う。

「うん」

「どうしても吸いたくなったらな、これからは外で吸わんで、家で吸い！」

「……」

思えば、母ちゃんが僕に本気で怒るのは、人に迷惑をかけたときや、人を悲しませるようなことをしたときである。今回の喫煙事件は、どうやらその範疇《はんちゅう》ではなかったらしい。肝《きも》が据《す》わっているということを、下関弁で「肝が太い」という。母ちゃんは肝が太い。かなわない。僕は神妙な顔をしてみせ、もう一度だけ頭を下げた。

「まったく。あつしはそうやって、顔だけは申し訳ないって演技をする！」

そう言って、バッグからおもむろに使い捨てカメラの〈写ルンです〉を取り出すと、僕の顔をパシャッと撮った。この頃の母ちゃんは、やたらと〈写ルンです〉が気に入っていて、何かあるたびにパシャパシャと撮っていたのだ。

「もう！　撮るなよ！」

「お、その顔も生意気そうでええね。あつしの反抗期、撮っとかんとね。ほら、笑わんでええから、こっち向いて。ほら！」

僕は本気で、母ちゃんのカメラを睨みつける。が、噴《ふ》き出してしまう。

「ほら！　あつしはやっぱり笑顔のほうがええ」


高校時代の大きな変化と言えば、アルバイトを許されるようになったことだ。小遣いの少ない自分にとって、働いてお金が貰《もら》えるうれしさは、想像以上であった。

最初のアルバイトは、下関の駅の近くの喫茶店。コーヒーや紅茶だけではなくて、サンドウィッチとかハンバーグといった食事もきちんと作って出す店だった。そこの賄《まかな》いで、カルボナーラなるものを初めて知った。麺が白い。僕が知っているのは、母ちゃんがハムとタマネギとピーマンで作る、トマトケチャップをからめた赤い麺だけだった。だけどこれは、生クリームをからめて、ベーコンなんかが入っている。この味に僕は夢中になった。どうしたらこんなに旨いものができるのか知りたくて、うずうずする。

しばらくしてホールだけではなくて、厨房《ちゅうぼう》にも入らせてもらい、しっかりと作り方を見て覚えた。さっそく次の休みの日にうちで作ってみた。僕がフライパンを振り、見知らぬお洒落な料理を作ることに、母ちゃんはただただ驚いている。家族一同、白いスパゲティにびっくりして、「ぶち旨い！」とたいらげてくれた。この日ばかりは、母ちゃんも父ちゃんも休戦状態となった。

その喫茶店の時給は540円だった。たぶん、同級生たちがやっていたスーパーのレジ打ちや港での梱包作業のバイトよりも安かったように思う。でもそれを上回る楽しみがあった。中学の頃、夜の街を探検してスナックを覗き見に行ったように、大人の世界を垣間見られることである。来るお客さんが大学生とか、若いOLさんとか、サラリーマンとか、年上の人たちばかりで、接するのが楽しかった。自分も少し大人びたような気がしたのである。

給料を貰うと小倉の繁華街まで洋服を買いに行くようになった。僕はこの頃から、洋服に興味を持つようになり、ときどきメンズ雑誌を買って研究するようになった。世の中はDCブランドが花盛り。もっとも、下関ではまだヤンキーファッションが主流だったから、クラスでファッション誌を読んでいるのは僕くらいだったけれど。いずれ都会に出るときに、「ダサいヤツ」とは思われたくない。母ちゃんに服を選んでもらうことも、なくなった。自分の金で、安くても流行《はや》りの服を手に入れられるのはうれしかった。

働けばお金になるということを、身をもって知った。

その下関の喫茶店は、今はもうなくなっている。しかしうれしいことはあるもので、つい最近、その店のシェフと再会することができた。僕が出演する情報番組の企画で、スタッフが行方を追ってくれたのだ。シェフは福岡で再びお店をやっていた。しかもメニューに〈思い出のカルボナーラ〉なるものがあって、まさしくあの、懐かしい一皿が出てきた。味もまったく変わらない。「淳君が初めて食べたカルボナーラに感動したって言ってたから、名づけたよ」と言ってくれた。ずいぶんと年月が流れたけれど、こうして僕の青春時代の1ページを覚えていてくれた。レシピを教えてもらい家で作ったときの、あの母ちゃんの驚いた顔は、今でも覚えている。遠い16歳の思い出が、ぽっかり陽を浴びたかのようで幸せな時間だった。

そのあとも母ちゃんには、高校を卒業したら芸能界に入りたいと、事あるごとに訴え続けた。

「俺は本当に面白いんだ。この前、クラスでネタを披露したら、めちゃウケたんよ」

「ふん、それはな、田舎だけ。狭～い狭い話よ」

「そんなことないよ、大ウケだった」

「せからしい。同じように全国でウケると思ってるんか。おまえは井の中の蛙《かわず》っちゃ。蛙は、大海に出たら必ず失敗する。じゃけーそっちの道に行ける思うのは、おかしい」

「おかしない！」

「おかしい」

話はいつもそこで終わった。


2年生の終わり頃、田村家は念願の一戸建てに引っ越した。憧れのリビング、兄弟別々の部屋。ピカピカの浴室とトイレ。

僕が長年言い続けてきたことを、父ちゃんは叶えてくれた。母ちゃんも、すごくうれしそうだった。台所が広くなったことをことさら喜んでいた。新しい食器棚に、長年使っている食器を大事そうに仕舞っていた。

だけどこのとき、僕はもう新居に興味はなかったから、せっかくの建築科の知識を生かすこともなかった。

最近になって、父ちゃんに訊いたことがある。

「この家の間取りは、誰が考えたん？」

「久仁子だよ。間取りも壁紙も、全部久仁子が決めたんよ」

「えっ？　父ちゃんは口出さんかったの？」

「マイホームを持つことは、あつしだけじゃなくて、久仁子の長年の願いだったから。俺は土地を見つけただけで、あとは全部、久仁子に任せたんだ。俺は、久仁子が喜んでくれれば、それで良かったから……」

　ボソボソと思い出しながら父ちゃんが言う。母ちゃんが新居で特にこだわったのが、ダイニングルームのキッチンカウンターだったという。

「キッチンカウンターがあれば、子どもたちの顔を見ながら料理ができるからってゆうてたなあ」

　そうだったのか……。

「もしかして、俺をずっと家に引き留めたくて、母ちゃんは家を建てたかったのかな」

「いや、そんなことはないよ。いずれおまえたちが家を出て行くのは、久仁子だってわかっていた。だから、二階建てじゃなくて平屋にしたんよ。夫婦で歳をとったら、階段はつらいからってゆうてたな」

　母ちゃんと父ちゃんが、そんな想いで家を建てたことを子どもは知る由《よし》もない。マイホームは、子どもたちにとっては社会に飛び立つための温かな巣であり、親にとっては命を終える場所、終《つい》の棲家《すみか》なのだ。

僕が「芸能界に入る！」と毎日夢を膨らませていく横で、同級生たちは次々に就職が決まっていった。3年生の春の終わり頃になって、担任の先生から呼び出しがあった。

「田村、就職どうするんだ？　そろそろ面接の予定を決めろ」

「はい……」

バブル景気が終わりつつあった。ほんの数年前までなら、高卒でも就職先は引く手あまただったけど、そういうわけにはいかなくなってきたらしい。

そんななか、生徒の就職先を必死で探してくれている先生には、芸能界を目指したいなどと言えなかった。それから先生は、僕のために大阪にある〈近畿建設〉という会社を見つけてきてくれた。すぐに大阪に行って面接を受けてきなさいと言われた。僕は、先生に言われるままに書いた履歴書を持って、制服姿で大阪へ出かけた。

生まれて初めての大阪である。梅田の街は大賑わいだった。昔行った東京よりも人が多いのではないだろうか。そしてこの街に、将来お世話になる（予定の）吉本興業があると思うとドキドキした。本当ならそこに面接に行きたいのに、僕は何をしているのだろう——先生が手渡してくれた地図を見つつ、やっとこさ会社に辿《たど》り着いて面接をしてくれる人に会った。「田村君は、下関からひとりで来たんだね。大阪は初めてかい？　遠かったろう」と労われながらの、初めての就職面接だ。スーツ姿の親切な大人たちを前にして、いよいよ切羽《せっぱ》詰まった僕は、これ以上、ウソをつくのは限界だと思った。

「僕は、実は芸能界に入りたいんです。今日、こちらを受けて、もしも入社させていただいたとしても、1年後にはいないと思ってください」

面接官のおじさんはポカン、と口を開けた。言いながら僕は、動悸《どうき》が激しくなるのを感じた。怒られても仕方がないような発言である。ただ本当のことを伝えたかった。必死だった。言わないと、ここで一気に夢が遠のいてしまう気がしたのだ。

しかし、意外なことに僕は〈近畿建設〉に受かってしまった。

面白い人材だと思ってくれたらしい。不測の事態だ。困ったことになった。しかしまだ時間がある。そう自分に言い聞かせた。いったん大阪に出たほうが、吉本の門を叩きやすいかもしれない、という思いもあった。

内定したことを先生は大喜びしてくれた。両親も同じである。特に母ちゃんの喜びようときたらなかった。ここまできて、「就職したくない」とは言い出せない。だけど、本当にこのままでいいのだろうか……。

自問自答を繰り返していたその秋のこと。シーモール下関という、大丸とダイエーがくっついている町でいちばん大きな商業施設で、芸能コンテストが開催されることを知った。「音楽、演劇、お笑い、ダンス、なんでも可。目指せ！　芸能界デビュー」というキャッチコピーがポスターに躍《おど》っている。

これだ、と思った。

このコンテストで勝てば、母ちゃんも父ちゃんも、僕のお笑いのセンスを認めてくれるに違いない。よし、コンテストに応募する！　と決めた。しかし、ピン芸人でいけるほどの実力はないのはわかっている。僕がやりたいのは、漫才だった。相手の人間的な面白さを観察し、そこを引き出して、笑いに変えるのが得意だ。相方はすでに決めて射程距離に入れていた。同じクラスの、中川司《つかさ》君という男である。

ツカサ君は、僕がこれまで会ったことのないタイプだった。出席番号は僕のひとつうしろ。そもそもは、入学後のクラスでの自己紹介である。

「えーと、ぼ、僕は将来、ボ、ボンジョビになりたいです！」

アメリカの人気ロックバンドのヴォーカルがジョン・ボンジョビという名前らしい。僕は洋楽をほとんど聴いていなかったのでよくわからなかったが、それでも面白かった。皆が緊張しながら、「趣味は読書です」「特技はサッカーです」とか真面目な自己紹介をしていたなかで、異彩を放っていた。

ボンジョビに憧れていた彼はバンドをやっていた。〈Justice（ジャスティス）〉といった。この年頃の男子がいかにもつけそうな名前だ。

「ツカサ君、僕もバンドに入れてくれよ」と、すぐさまお願いをした。やりたいと思うと、さほど知識がなくても、すぐに実行したくなる。

「ボンなんとかとか、よく知らんけどさ、バンドやってみたい。入れて」

だめと言われると思ったが、すんなりツカサ君は僕を仲間に迎えてくれた。しかも僕をボーカル担当にしてくれるという。まあ、楽器ができないのだからそのポジションしかなかったのだ。それでもいっぱしのバンドマンになった気分だった。いや、バンドマンというより、ロック・スターになった気分だった。恰好《かっこう》だけは。

そのうち僕は、じわじわと彼を自分のテリトリーに引き込もうとした。

「バンドもいいけどさ、一緒にお笑いやらん？」

「お笑い？　お笑いなんて俺たちにできるかね？」

ここであきらめる僕ではない。

「ツカサ君、才能あるよ」

「ないわ」

「ある！」

「ないよ……」

「ボンジョビになるって自己紹介で言ってただろ？　おどおどしながら、変なこと言うところ、すごくいいよ。お笑いに向いてるって！」

「ボンジョビはロックなんよ。お笑いとは違うけえ」

「わかってないなあ。ツカサ君は。どっちもエンターテインメントで、アーティストということでは、同じだよ」

「ア、アーティストって何？」

「アーティストって、エンターテイナーで、カリスマで……だからボンジョビも、ジュンスカもアーティストだよ」

覚えたばかりのカタカナ語を使い、口説きまくってようやく落とした。

コンビ名は、〈フグの助フグ太郎〉でいくと決めた。下関といえば、フグの産地だ。地元ではフクというが。「その名前、ダサくない？　そんなんで売れるかね？」とツカサ君はけげんな顔をしたが、ねじ伏せた。僕はファッションや生き方ではカッコつけたかった。だからこそ、コンビ名だけはちょっとダサいほうがいいと考えた。

「ツカサ君。カッコいい俺たちが、コンビ名までカッコ良くしてどうするんよ。それじゃあお笑いにならん。〈とんねるず〉だってそうでしょ？　こういうのは、ギャップが大事なんよ。ギャップが」

こうして僕とツカサ君は〈フグの助フグ太郎〉を結成し、バンドそっちのけで漫才の練習を続け、シーモール下関のコンテストの舞台に立った。小倉のデパートで一緒に買った、お揃《そろ》いの紺ブレを着て、渋カジスタイルで決めた。

そしてなんと、見事に優勝を決めたのである。

「ほらな、僕ら、いけるぞ！」

ツカサ君は、「ふふん」と鼻を鳴らした。

今度こそ、母ちゃんはわかってくれる。〈近畿建設〉の内定は取り消してもらって、春からは芸能界だ。何せ僕らは、下関で一番になったのだから。意気揚々と伝えた。ところが母ちゃんの頑《かたく》なさは変わらなかった。「だめなものはだめ」の一点張りである。

「なんで？　僕ら優勝したんだ！　芸能界への道が拓《ひら》けたんよ！」

「あんたが芸能人になれるなんて、そねーなこと、あるかいね！　考え直し！」

「ありえんことやるのが挑戦じゃないか！」

「せからしい。屁理屈こねんでちゃんと就職し。お父さんだって、うんと心配しとる」

仲が悪いくせに、こんなときだけ父親のことを出してくる。父親にはずっと反抗していたからよけいに腹が立った。母ちゃんだからわかってくれると思って話しているのに、なんでわかってくれないのだ。

「芸能界が、なんでそんなにいけんのよッ！」

「だめなものはだめやけえ」

そこまで反対されると、逆に闘志が湧いた。この反骨精神は、僕のいいところでもあり、悪いところでもある。それからも粘り強く伝え続けた。……しかし母ちゃんの心を1ミリも動かすことはできなかった。

内定をもらったのだから、就職しなければいけない。でも本当にやりたいことは就職ではない。親の期待を裏切っていいのか。いや、裏切ることになっても好きな道を行きたい……。

母ちゃんは友達にも、僕が大阪の会社に就職が決まったことをうれしそうに話していた。

「あつしがいなくなると寂しくなるけど、まあ、新幹線なら下関と大阪はすぐだからねえ。しょっちゅう帰ってくると思うわ!」

母ちゃんの弾んだ声を聞くたびに、どうしていいのかわからないまま、秋が暮れていく。ある日僕は、母校の彦島中学へと向かった。バスケ部の恩師である藤井先生に会うためだ。先生には、僕の芸能人になりたいという夢を以前に話したことがあったのだ。

久しぶりに訪ねた母校は何も変わっていなかった。懐かしい校舎、体育館の横の桜の木。放課後の校舎はがらんとしていたが、校庭では野球部が球を追いかけ、陸上部がスタートダッシュの練習をし、プール脇のバスケ部のコートからは変わらぬ藤井先生の威勢のいい掛け声が聞こえてきていた。

「おう、田村じゃないか! どうした?」

先生は突然の僕の訪問を歓迎してくれた。まるで親戚のお兄さんのように、日に焼けた顔から白い歯を見せる。部活が終わり、全校生徒が帰った。静まり返ったグラウンドを見つめながら、僕は切り出した。

「あの……」

「うん」

「あの……意見を聞かせていただきたいんです」

「何かあったのか」

「はい。実は、就職のことで」

「どこか決まったんじゃなかったのか」

「はい、内定をもらいました。大阪の会社です」

「そうか、それはよかったな。大阪に行くんだな。おめでとう」

「それで……あの……」

僕は一気に話した。

「あの、僕、本当は芸能人になりたいんです。先生も僕がお笑いの世界に進みたいと言ってたのは知っていますよね。確かに内定はしました。でも僕、〈フグの助フグ太郎〉っていう漫才コンビ組んでいて。いくつか舞台に出ているんです」

「舞台？」

「はい。自分らで営業して仕事を取りました。大学の学園祭とか、いろいろ売り込んだら出してもらえたんです。面白いねって言ってもらえて。1回出ると、10万円くらい貰えるから、ひとり

5万です。相方と、『楽勝じゃん、東京出ても食っていけるじゃん』とか言って……。母ちゃんには、何か怪しいことをしてるんじゃないよね？　って言われてましたけど」

「それはすごいな。卒業したら、先生に焼き鳥奢《おご》ってくれ」

先生は笑った。

「この前、街のコンテストに出て、優勝もしたんです。そのとき、観に来てくれていた東京の芸能事務所の人から、東京に出て来ないかと連絡がきたんです。だから、内定取り消して東京に行きたいんです！」

「……東京？　就職はしないということか」

「うちの親は大反対しています。芸能界なんて、そんなヤクザな商売、絶対だめだって。でも僕は本気でやりたい。念願なんで。相方の、中川君っていうんですけど、彼と一緒に東京に行って、頑張ろうって話になっているんです。でも、内定をいただいているものを断れるのか、皆にどれくらい迷惑をかけるものなのか、よくわからなくて。それで藤井先生にお聞きしたくて来ました」

先生が真顔になった。

「担任の先生は何とおっしゃっているんだ？」

「言えないんです。なんでかと言うと、就職をすごく心配してくれて、あちこち行ってくれて。

ようやく大阪の会社を見つけてくれたから」

「そうか」

野球部の掛け声が風に乗って聞こえてくる。

「田村、おまえがコンテストで優勝したのはすごいことだと思う。だけど、それは地元の高校生が面白いことをやっているから優勝できたんだ。お笑いだろうがバスケットボールだろうが、プロの世界はそんなに甘いもんじゃない。おまえが思っているよりも何百倍も、プロの世界に入って飯《メシ》を食うということは難しいよ」

「やっぱり……先生も反対ですよね？」

「だけど、おまえはまだ若い。一度厳しい世界を見て、失敗してもいいじゃないか。だから、自分がやりたいことをやりなさい」

「え……」

「人はな、自分の好きなことをやるのがいちばんいい。田村が夢をあきらめきれないなら、あきらめなくていい。やりたいことをやりなさい。失敗したら、またやり直せばいいんだから。そのときはまた相談に乗るから。その何かに真剣になれるという気持ちがいちばん大事なんだ。その気持ちを内定した会社の人にもきちんと伝えれば、絶対にわかってもらえるだろう。だから、まずはひとりで大阪に出向いて素直にお詫びをすることだ」

僕は泣きそうになった。

「最悪な、先生が大阪まで一緒に行って、その会社の人に頭を下げてやるから」

熱いものが胸の奥底からこみ上げた。

僕のことをわかってくれる人がいた。バスケ部でしごかれていた日々は無駄ではなかった……

藤井先生はこうも言ってくれた。

「よう聞け。田村のお父さんも、お母さんも、おまえの人生を本気で心配して言ってくれているんだよ。そのことは忘れてはいけない」

「はい」

「だけどな、先生は全力でおまえを応援するから」

「はいッ！」

百万倍の力を得た気がした。気づけば夜になっていた。木枯らしのなか、走ってうちに帰った。着いたらすべてを母ちゃんに話すつもりだった。

ところが、予想だにしないことが起こったのである。息を切らしてうちに着くやいなや、母ちゃんが転がるようにして玄関まで走って来た。

「あつし、どこ行ってたんよ？　大変っちゃ！　さっき、〈近畿建設〉さんから電話があって、と、倒産したって！」

「えッ？」

「……だから、内定取り消してほしいって。どうする？　母ちゃんはどうすればええ？」

賽《さい》は、投げられた。

「やりたいことをやりなさい」と言ってくれた藤井先生の声が頭のなかでこだまする。

「母ちゃん、実は今、中学の藤井先生に相談してきたところだったんよ。どうしても芸能界があきらめられないから、内定している会社、断りたいって」

「えぇッ！」

と、今度は母ちゃんが驚いた。

「まだあきらめておらんかったんかいね？」

「うん。あきらめきれん」

「そうか、ああ。そうか。これはもう……行けってことなんやろうか……神様が見とるんかね」

母ちゃんがようやく芸能界入りを認めてくれた瞬間だった。

運命とかいうものが本当にあるのではないかと、このときの僕は本気で考えた。ずっと抱えていた悩みが、一気に晴れてしまった。

「母ちゃん、俺、頑張る。頑張るけ」

「うん、うん。わかった……」


そのあとまもなくして、〈近畿建設〉の九州支社長という方が、わざわざお詫びに来られた。

「田村君、このたびは本当にすまなかった」と、申し訳なさそうに言ってくれた。僕は正座をして神妙な顔をしつつも「いえ、僕は僕で、また新しい道を見つけますから、大丈夫ですから」としれっと答えた。

母ちゃんは、支社長さんにお茶を淹《い》れながら、僕の顔をやれやれ、この息子は一体どこに行くのだろうという表情で見た。


「おまえ……ほんとに芸能界でやれるんかね？」

その春、母ちゃんは何度も同じことを訊いた。

第二章

上京物語——もう故郷には戻らない

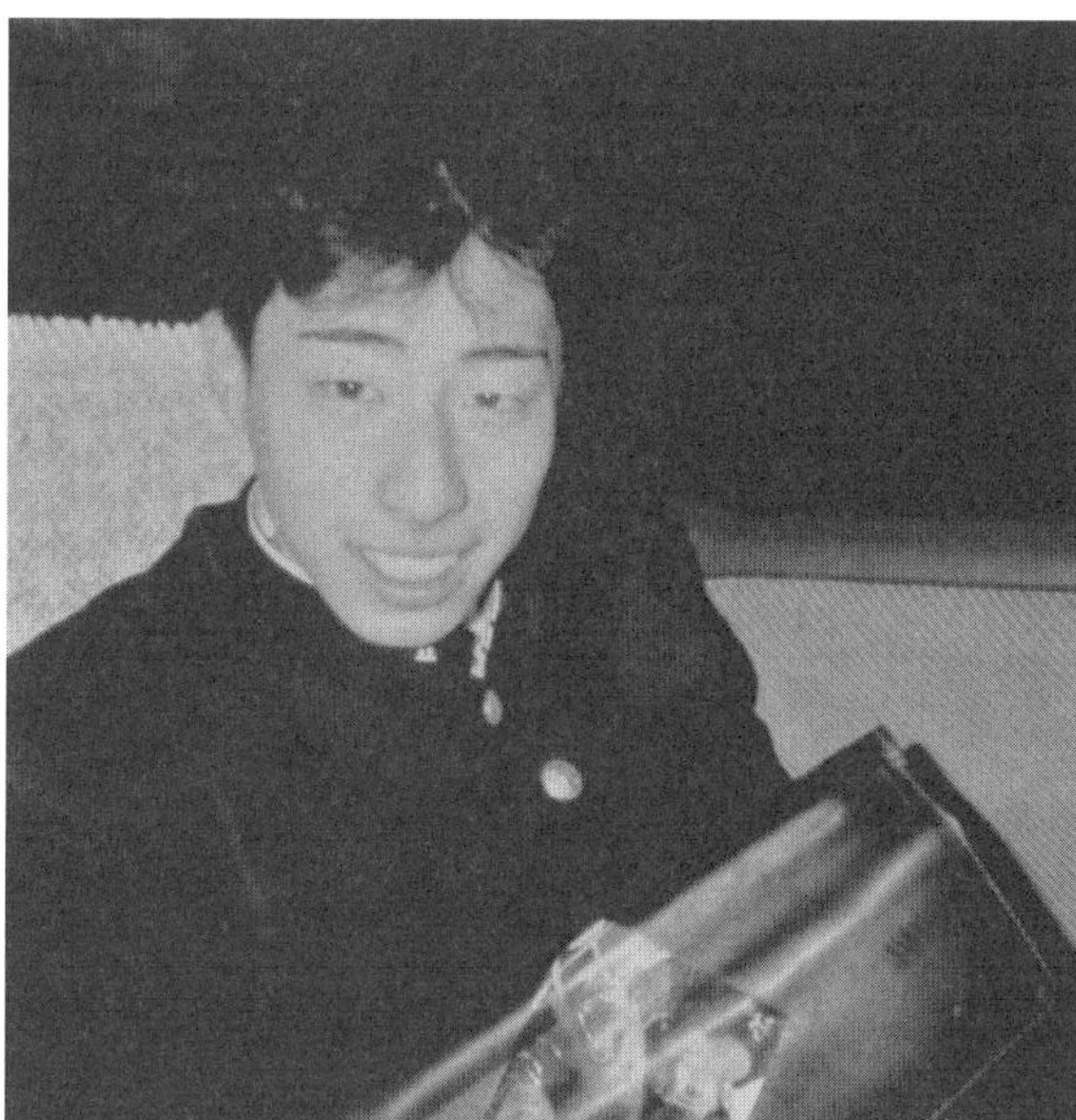

こうして僕は堂々と芸能界を目指すことになった。

藤井先生に話した通り、東京の芸能事務所の人が、「〈フグの助フグ太郎〉か、いいんじゃない？　君たち、東京に出て来ないか」と言ってくれたのだ。その人とのご縁を作ってくれたのは、下関で僕らが優勝したコンテストを手伝っている音響会社の人だった。僕らのことを気に入ってくれていて、たまたま話をしてくれたらしい。それで、あのときのコンテストをわざわざ見に来てくれたのだ。その人は、下関で名を馳《は》せていた〈KATZE（カッツェ）〉というロックバンドを東京で売り出した人だ。僕らのコントを見て、これはいける！　と思ってくれたようで、何度か連絡をもらっていた。

いよいよ腹が決まった僕はツカサ君を説得し、「高校を卒業したら東京に行きます」と伝えた。すると、とんとん拍子でその事務所への所属が決まり、アパートも手配してくれると言う。これで上京が一気に現実味を増した。だけど、まずは旗揚げのための軍資金を貯めなければならない。僕とツカサ君は高校卒業後、引っ越しの準備をしながら、下関でアルバイトをしてお金を貯めた。

そして、4ヵ月ほど経った1992年（平成4年）の初夏、いざ出陣となった。

母ちゃんは上京を許してくれたものの、父ちゃんはまだ反対したままだった。どれだけ言っても納得はしてもらえず、もはや強行するしかなかった。僕たち家族のために、長年働き続けて、夢の新居を建ててくれた父ちゃん……それを考えると胸が痛かった。

上京の準備でバタバタしていた頃、またもや忘れられない出来事が起こった。

当時付き合っていた彼女とデートをした。ちゃんと別れを切り出すことさえできない幼い恋だったが、きっとこれが最後のデートになるだろうと考え、小倉まで行って、少しいいレストランでごはんを食べようということになった。その彼女は、高3になってから付き合うようになった、1学年下の女子だった。ふたりで夜景を見ながら、芸能界の夢を彼女に話しているうち、気がついたらどっぷり夜になっていた。公衆電話から母ちゃんに遅くなると電話をかけると、もしもしと言う前に、えらい勢いで怒鳴られた。

「はよ帰って来い！　あんたらまだ未成年っちゃ！」

なんと、彼女のご両親が心配して我が家に来ているというのである。背中に冷や水をかけられた気分とはこのことだ。

「ごめん、君のご両親がうちに来てるって……」

ロマンチックなムードは一気に立ち消え、彼女の顔も青くなった。急いで下関に帰ると、玄関に親が四人、仁王立ちになっていた。

いきなり、母ちゃんに往復ビンタをくらった。

痛えッ！

有無を言わせなかった。どこにこんな力があるのかと思うほど強くて、僕は一瞬、気が遠くなった。

「この馬鹿が！」

母ちゃんのあまりの剣幕に、「まあまあ、田村さん」と、彼女のお母さんが言ってくれた。頭の奥まで痺《しび》れを感じながら、あの「ヌンチャク事件」の記憶がよみがえった。このときも、僕に一切の言い訳をさせず、親御さんの前で示しをつけたことで、それ以上揉《も》めずに収まったのだ。まったく母ちゃんには恐れ入る。ここでまたひとつ、処世の仕方を教わった。あそこで僕がだらだらと言い訳をしていたなら、僕は男として嫌なヤツに成り下がっていただろう。

母ちゃんに殴られたのは、あの日が最後だったと思う。

上京するという日。父ちゃんは、まだ新しい畳の匂いがする和室に座ったままで、見送ってはくれなかった。その背中に、「行くね」と声をかける。父ちゃんは背を向けたまま、「二度と、我が家の敷居をまたぐな」とぼそっと言った。わかってほしかった。父ちゃんとの約束を守り、高校を卒業した。だから、笑顔で、頑張れよと言ってほしかった。

けれど、もう行くしかない。

今から思えば、父ちゃんのあの背中は、僕に「しっかりやれ」と伝えてくれていたのだろう。僕の決心が揺らがないようにと突き放してくれたのだ。だがこのときは、そんなことはわからない。クソ頑固オヤジが、と思っていた。

「体に気ぃつけるんよ。お腹が減ったら、すぐ連絡してくるんよ」

母ちゃんは塩にぎりを持たせてくれた。飛行機のなかで食うなんて恥ずかしいのに。

「うん、じゃ、行って来ます！」

僕はできるかぎりの笑顔を作った。他にもっと言いたいことがあるはずなのに、言葉にならなかった。

思えば、親と離れて暮らすのは初めてだ。東京で住むアパートは事務所が準備してくれたので、荷物はすでに送ってあった。荷物といっても大きいものは布団くらいで他に何もない。長年使っていたせんべい布団だ。手に持った小さなボストンバッグには、へたりぎみのTシャツとジーパン、パンツぐらいしか入っていない。

仲の良かったヤンキーたち、ナカモト、ヒロシゲ、コジマが見送りに来てくれていた。まるで僕とツカサ君が地球の裏側に旅立つかのように、彼らは哀しげな顔をした。

「えぇのう、明日から東京か。おまえら、すぐ帰って来るんじゃねえぞ」

「わかっとるよ」

「わからんじゃん」

「わかる。俺らは東京で一旗揚げる」

「おまえ、ゆうたなッ。嘘つくなよ」

「ああ、嘘つかん。今度ここに帰って来るときは有名芸能人だからな」

「でも、東京でいっぱい友達を作ったら、俺らのことなんてすぐに忘れるだろ?」

「いや、東京で友達は作らんよ。俺は芸能人になるために東京に行くんだ。仕事をすれば、裏切ったり裏切られたりがあるだろうから、いくら仲が良くなったとしても、友達とは思わないようにする。本当の意味で友達と呼べるのは、地元のおまえらだけだよ」

1992年、18歳の夏、僕は故郷を出た。

下関から、博多行きの電車に乗る。博多から地下鉄で福岡空港に行き、生まれて初めての飛行機に乗った。機体が上昇して、丸い窓の下に遠ざかっていく山と海が見えた。僕はどんどん小さくなる彦島のあたりをずっと見ていた。しかし、わくわくしていたのは束の間、離陸し、母ちゃんの塩にぎりを食べ終えたとたんに急に不安が立ち込めていく。

本当にやっていけるのか、俺ら。ツカサ君は隣で、緊張気味に東京のガイドブックを読んでいる。珍しく弱気になった。

羽田空港から新宿行きのバスに乗り、都心に近づくといよいよ不安は増していった。ビルばかりの街は灰色一色に見える。夕方だからよけいにだ。でかい夢を持って出て来たくせに、全然、気持ちが高ぶらない。街を歩くと人の波に圧倒された。渦のような人混みに、ちっぽけな自分が巻き込まれていく。ツカサ君を見失わないようにするだけで必死になった。黙りこくって、せかせかと急ぎ足で、皆、いったいどこに行くのか。半日前まで彦島にいたことが信じられないほどに世界が違う。

新宿駅から迷いながら、やっとの思いで山手線に乗り、ようやく辿り着いた原宿駅。アパートはこの街にある。僕は見栄を張って、憧れの街に住みたいと事務所に話していたのだ。田舎の高校生にとって、東京といえばまず原宿だった。ツカサ君は別の街を選んだので、ここで別れた。テレビで何度も目にした竹下通りは、思ったよりずっと狭くて短い通りだったが、まるで縁日のように食べ物屋や洋服屋が立ち並ぶ。そこを通り抜けた原宿のはずれ。選んでくれたのは6畳一間の、風呂なし、トイレ共同の古びたアパート。家賃は5万5000円だった。ドアを開けた瞬間、カビ臭さにむせそうになった。『東京ラブストーリー』に出てくるようなお洒落な部屋を期待していたが、そんなはずはない。まったく稼ぎのない自称・お笑い芸人が東京に住むというのは、こういうことなのかと1日目にして身にしみた。事務所から給料は貰えることになっていたが、月に5万円。家賃を払ったら何も残らない。すぐにアルバイトを探さなければならなかった。

ここまできて、僕は何を不安がっているのか。失うものなど何もないじゃないか。

気を取り直して、小さな窓を開けて深呼吸をして、夜空を眺めた。水道の蛇口に口をつけて、ごくごく水を飲んだ。まずい。なんだこれ、本当に飲めるのか。だが、じき慣れるだろう。無事着いたことを母ちゃんに連絡したかったが、まだ電話も引かれていない。

ヨッシャ！

でかい声を上げて自分を励ました。そして届いていた荷をほどいた。

翌日からさっそくアルバイトを探し始めた。一歩外に出れば、そこは原宿である。夢じゃないんだ。僕は手始めに街を歩いた。自分が昨日上京してきたばかりの田舎者だとバレやしないか、何度も店のショウウィンドーを見ては、自分の姿がおかしくないかを確認する。「……足が速ければ、なんとかなる。何かあったら、走って逃げるんよ」と昔、母ちゃんが言っていた言葉を急に思い出していた。手元のお金は少なく、心もとない。バイト先は飲食店と決めていた。

「飲食店でアルバイトをすれば、賄いが出る。そしたら死ぬことはないけえ」

これも母ちゃんのアドバイスだった。確かにそうだ。そして竹下通りの店構えを一軒ずつ確認するように歩き、ちょっと脇道に入ったところの、〈タバサ〉というイタメシ屋さんにホールスタッフの求人募集の貼り紙を見つけた。ここならば、下関での喫茶店のバイト経験を活かせるはずだと思った。「すみませ～ん」。なるべく標準語のイントネーションを意識して、お店のドアを開けた。東京のカルボナーラはどうなっているのだ?

ラッキーなことに、すぐに僕は採用された。目と鼻の先に住んでいるということで、お店の人も歓迎してくれたらしい。そのときに、原宿で働いている人が東京に住んでいるとは限らないことを知った。埼玉や神奈川や千葉の人もたくさん働いていることを知り、ちょっと安心した。ホールと皿洗いで時給は900円だったと思う。果たして東京のカルボナーラの味は……下関の喫茶店で食べたときほどの感動がなかったのは、僕が大人になったからなのか。

初の東京でのアルバイトが終わった後、公衆電話から母ちゃんに電話をする。飲食店にバイトが決まったことを、手短に話す。母ちゃんは、よかったねえと笑っていた。

「これで飢え死にすることはないわーね。ああそうそう、宅配便を送ったからね。明日くらいに届くやろ」

「いらんよ」

「ええから。受け取りなさい」

翌日届いた宅配便の母ちゃんの伝票の手書きの文字に、ちょっと泣きそうになった。

それからどれくらい、母ちゃんからの宅配便の世話になっただろう。

段ボール箱には米とインスタントの味噌汁、温めるだけで食べられるレトルト食品、あと、僕が好きだった下関の紫蘇《しそ》のふりかけも入っていた。小さい炊飯ジャーで米を炊き、ふりかけをかけてかっこむ。あと覚えているのは、丸美屋の中華丼。うずらが1個入っているやつだ。これも温めてご飯にかければ、ほくほくの丼物だ。お湯を注ぐだけでできる下関もずくセンターのもずくスープもいつも入っていた。

日用品も入れてくれていた。なぜかビニール袋に入れて小分けにしてあって、黒い太いマジックで「せっけん」「歯みがき粉」「シャンープ」と品名が書いてある。母ちゃんは、いろいろなものにわざわざマジックで書く習慣があった。修学旅行のときも、ビニール袋に「パンツ」とか「くつした」と大きな字で書かれてあり、同級生にからかわれたことを思い出した。いつまで僕のことをガキだと思っているのだろう。あるとき電話で抗議した。

「子どもじゃないんだから、いらんことすんな」

「わかりやすいほうがええわーね」

「あと、言っとくけどシャンプーだからな。シャンープって、母ちゃん、伸ばすところ間違っとるよ」

「どっちでもええやん」

母ちゃんはその後もずっと、シャンープと書き続けた。

「〈フグの助フグ太郎〉がテレビに出るときは、ちゃんと電話で教えてな。録画するから。いいビデオデッキを買ったんよ。父ちゃんもああ見えて、心配しとるんよ」

「……もう切るよ。じゃあね」

母ちゃんにそう言われるたび、僕は少しイライラした。

東京の芸能事務所に所属したものの仕事の連絡は一切こなかった。テレビ局に呼ばれたこともまだない。東京に出て来さえすれば、すぐにテレビ番組に出られると甘く考えていた。それどころか人前に出る機会さえもない。道を行き過ぎる人たちは誰も、僕のことなんか知らない。彦島にいたときは、皆、僕のことを知っていたし、通りを歩けば声をかけてくれたのに。ここでは、僕はただ田舎から出て来て、あてもなく原宿でバイトをしているその他大勢の18歳に過ぎなかった。

事務所からは、「まずは、漫才のネタを作って見せて」と言われていた。

お笑いを目指していたものの実をいうと、僕はネタを考えることが下手だった。ツカサ君は、もっと下手である。ネタを披露するよりも場の空気を読み、楽しいノリで皆を笑わせたいタイプなのである。あいつといると楽しいよね、あいつがいたら笑いが起こって場が回るよね、というような芸人になりたかったのだ。

ツカサ君は、僕以上にイライラし、不安になっていたに違いない。何せ、僕に人生を預ける形で誘われるままに東京に出て来てしまったのだから。どちらかのアパートでしょっちゅうネタを練ったが、全然うまく作れずにいた。面白いものができない……。だんだん互いに焦りが出てきた。ツカサ君は、東京に来て無口になった。

「あつし、僕、やっぱり無理だと思う」

「なんだよ、もうあきらめるのかよ？」

「僕にはもともと才能なんかなかったんだ」

「そんなの、わかんねえだろ！」

「いや、わかるよ。僕とあつしは、もともとコンビなんて組むべきじゃなかったんだ……僕には、東京の水は合わわん」

そうこうしているうちにツカサ君は、下関に帰ってしまった。明るさを失い、鬱《うつ》のような状態になっていた。なのに、僕は助けてやることができなかった。金もない、知り合いもいない人間に、東京という街は想像以上に冷たく、厳しい。

そのうちに僕自身にも異変があった。

なぜだか、だんだんと気力というものが失せていくのである。脱力感がひどく、何もしたくなくなった。体が重い。気持ちも重い。生まれて初めての経験だった。自分がこんな状態になるとは思いもしなかった……。竹下通りを歩く若者たちは、誰もが脳天気に笑い、クレープやらアイスクリームを片手に、何の不安もなく未来を約束されて生きているように思えて、そこを歩くことさえしんどくなった。

やがて一歩も外に出られなくなった。だけど当時の僕は、メンタルクリニックなどという言葉さえ知らないし、知っていたとしても行く金もない。やがて、バイトにも行けなくなった。母ちゃんが送ってくれる宅配便だけが頼りになった。

小包のなかにはいつも手紙が入っていた。母ちゃんは習字教室に通っていたことがあったから、けっこうな達筆だ。

〈淳、元気でやっていますか〉といつも始まる。そして、〈ちゃんと食べていますか〉と続いた。〈何かあったら、いつでも電話をしてきなさい〉とテレホンカードが入っていたり、ときたま、〈母ちゃんの小遣いです〉とお金も同封されていた。

これだけ応援してくれている母ちゃんに向かって、自分がこんなことになっているとは、とても言えん……。しかし、しまいには服を着替えるのも嫌になった。銭湯にも行かないし、洗濯もしない。体が薄汚れてきた。すべてが面倒臭くなって、ついには明かりもつけない部屋で一日中素っ裸のまま暮らした。他人が見たらギョッとしたことだろうが、誰も部屋にやって来るわけでもない。つらいんだか悲しいんだかさえ、もはやわからない。完全に精神がへたって病んでいた。

そのとき僕がやっていたことといえば、じっと鏡を見ることだった。もらいもののでかい姿見があって、ただただ自分を見る。一日中、座り込んで頬のこけた顔を見ている。どん底だった。今の僕のこの生気のない顔を見たら、僕を送り出してくれた人たちは何を思うだろう。やりたいことはとことんやれと言ってくれた藤井先生。一旗揚げるとタンカを切って別れた友達、そして、弟、父ちゃん、母ちゃんは——。

僕って一体、何者なんだろう。何をしたいんだろう。なんで東京にいたいのだろう。

「内観」などと書けばカッコいいのかもしれないが、決してそんないいものではない。あの心理状態は、今振り返ってもよくわからない。自分という存在がまったく無意味だと思えた。

都会の片隅で、ひたすら小さくちぢこまっていた。

秋から冬になり、何がきっかけだったか覚えていないが、引きこもっていた僕は布団からむっくり起き上がって、一度、彦島に帰ろうと思った。今の自分がこの鬱状態から脱出するにはどうしたらよいのか。そう考える最後の気力だけは残っていた。

きっとギリギリのところでの一種の防衛本能のようなものだったのだと思う。必要なのは、下関の海と緑だった。僕の故郷だった。「一旗揚げるまで帰らない」と言っていた僕はもはやどこにもいない。上京して半年程度で帰るなんてすごくカッコ悪い。でもそんなことは言っていられなかった。一度故郷に帰って自分を取り戻してから新しい相方を探そう、というところまで気力が戻ってきた。

まずは帰省のための費用と、留守にするあいだの家賃分を稼がなくてはならない。頭を下げて、〈タバサ〉のバイトを再開させてもらい、並行して運送会社〈赤帽〉のドライバーのバイトも始めた。そのバイトを始めたのはちょうどお歳暮の配達の時期で、僕は指定された中野区界隈《かいわい》を忙しく回った。運転免許があってよかった。

その年の冬はカーラジオから、ユニコーンの『雪が降る町』がよく流れていたことを覚えている。

だからキライだよ　こんな日に出かけるの
人がやたら歩いてて　用もないのに
今年は久しぶり　田舎に帰るから
彼女になんか土産でも　どんなもんかな

年末が近づいた都会の街でひとり暮らす男の心境を綴《つづ》ったスローバラード。僕らの街に今年も雪が降る……。心にしみた。

気がついたら僕は、この街でひとり19歳になっていた。

懸命に働いたおかげで、お金も貯まり、食欲も湧いてきて、少しずつ顔つきも元に戻ってきた。〈青春18きっぷ〉という、安く電車に乗れるチケットがあると知って、渋谷駅のみどりの窓口に行った。航空券を買うことはできなかった。

事務所には、〈フグの助フグ太郎〉は「自然消滅しました」と告げていた。相談をすると、10歳上のちょび髭《ひげ》を生やしていた田畑さんというお兄さんを紹介してくれた。だがネタ合わせをしてみると、どうもうまくいかない。10歳年上ということで、どうしても遠慮が出てしまう。申し訳ないと思ったが、会ったその日に言った。

「田畑さんと僕、合わないと思います。無理して組んでも、いつかトラブルになるような気がします」

田畑さんはちょび髭を指でつまみながら、笑った。

「ずいぶんはっきりと言うんだなあ。でもそうだよね、年齢が近いほうがいいよな」

「たぶん」

「だったらさ、君と年齢の近い子たちがやっているインディーズのお笑い集団を知っているから、そこを紹介してあげるよ」

そうして僕は言われるがままに、〈集団田中〉というパフォーマンス集団を紹介された、そこで同じく相方を探していたのが、大阪出身で僕より2歳上の田村亮さんという男だった。同じ苗字であるということに、まずは親近感が湧いた。すぐにコンビを組もうという気持ちにはならなかったが、お笑い芸人になりたいという意欲がすごく伝わってきた。亮さんは、関西人だけあって、吉本芸人のこともとてもよく研究していて、漫才のネタもいくつか書いているという。相性は悪くないような気がしていた。それに正直そうで、絶対にこの人は自分にも他人にも嘘をつかなそうだと直感した（その何十年かあとで大きな嘘をつかれることになるのだが……）。

下関に帰る前、僕は亮さんに電話をかけた。

「おう、どうした？　何かあったんか？」

まるで長年の友人のように亮さんが電話に出てくれたので、僕は少しうれしくなった。

「ちょっと故郷に帰って来る。コンビを本当に組むか、考えるね。また電話するよ」

とだけ伝えて電話を切ったが、同じ苗字でコンビを組むのも悪くないなと思った。

半年ぶりの下関の町。故郷の空気を深く胸の奥まで吸い込んだ。だけど戻って来たわけではない。負けたわけでもない。ほんのちょっと実家に帰って来ただけなのだ、と自分に言い聞かせて実家のドアを開けた。

「ただいま～」

母ちゃんにも、父ちゃんにも心配はかけたくなかった。だから、できるだけ呑気《のんき》な声で、帰宅を告げた。帰省の理由は、「新しい相方探し」にした。ツカサ君が下関に帰って来ていることは、家族も知っていたので、それですんなり納得してくれた。

「ちいと痩せたな」

まったく仕事がないなどとは言えない。だが、僕の生気のない顔を見て、母ちゃんも父ちゃんも気づいていたに違いない。

「何が食べたい？　カレーか？　それともチューリップのから揚げがええ？　あ、お寿司をとろうか？　なあ、いつまでおるん？　中川君とケンカしたんか？……東京、また戻るんか？」

母ちゃんは心配顔で矢継ぎ早に訊ねてくる。

うしろめたくて目を合わせられなかった。ちゃんと話もできなかった。もとより父ちゃんに対しては、まだ反抗期も続いていたし、ほとんど喋らなかった。父ちゃんも、「よう」とだけ言って、それ以上何も話そうとしなかった。「なんで帰って来たんだ?」と怒鳴られるかと思ったが、それもなかった。

ハッタリをかまして、天下を取るようなことを言って、意気揚々と出て行って、何ひとつ結果を出していないまま、たった半年で家の敷居をまたいでいる。弟はいつもと変わらぬ様子で、「兄貴、東京どうよ? 芸能人と会ったりした?」と訊いてきたが、内心はどう思っていたのかわからない。

僕は、どんな質問にもぼんやりとした受け答えしかせず、数日は、自分の匂いがする懐かしいベッドで、ただただ眠りこけていた。

自分を見失うとは、ああいうことなのだろう。

実家にいったん戻れば、すぐに元気になると思ったが、本当に自分は芸人になりたいのか、東京で暮らしたいのかさえもわからなくなった。ふらふらと糸の切れた凧《たこ》になった気がした。

結局のところ癒《いや》してくれたのは、母ちゃんの塩にぎりと卵焼き、そして味噌汁だった。毎日、黙って作ってくれた。午後になると、自転車でとりとめもなく冬の彦島を廻った。空も海も、冬の色だったが、景色は子どもの頃のままだ。工場があり、漁船が行き交う。遊んだ寺の境内や川。わずかな小遣いをにぎり締めて通った駄菓子屋。

ここで生まれて、18年間を過ごしたのだ……。夢を追って出て行ったのだった。やがて僕の心に、少しずつだが春先のような陽が射し込んできた。僕は、孤独じゃない。いつだってここに帰って来ていいんだ。

1ヵ月半後、息を吹き返した僕は、再び故郷をあとにした。

東京に戻ってまずしたことは、亮さんに電話をして、会う約束を取りつけたことだった。彼とコンビを組もう。気持ちは固まっていた。確信があったわけではないが、面白いネタが作れそうだし、きっとうまくやっていける。

「コンビ、組もう」

「おう、ええよ」

二つ返事で亮さんは承諾してくれた。基本は僕がボケで亮さんがツッコミだが、ギチギチに役割を決めるのではなく、ネタによってはどんどん入れ替わることにした。芸名は、ふたりの名字から、〈タムタムズ〉とした。

ちょび髭の田畑さんに報告すると、さっそく僕たちをお笑いイベントの主催者に紹介してくれた。ネタ作りは亮さんのほうが得意だった。それをどう自分たちの笑いに落とし込むかを考えるのが、僕は楽しかった。石にかじりついても笑いを取りたい――。まだまだ粗削りで素人同然であったが、僕は初めて、東京のお客さんを笑わせることができた。

僕と亮さんは、ネタを披露する場所を徐々に広げていった。だけどもっともっと場数を踏みたい。ふたりで考えて、路上ライブを行うことにした。その少し前、無名のアマチュアバンドが路上ライブから人気に火が点き、メジャーデビューするということが流行していた。だが、あまりにもバンドが増え過ぎたため、路上での演奏は禁止になったのである。

だけど、お笑いを路上でやるのは禁止されていないはずだ。それに、夜の公園やお互いのアパートでネタ合わせの練習をするのなら、無料でお客さんに観てもらいながらやったほうが、腕も上がるはずだ……僕たちは、原宿でストリート漫才をやることを決めた。たとえば精子が卵子に飛び込むコントとか、テレビでは許されないような危ない笑いも、先輩の目を気にせずにできる。ジャージ姿の変な若者ふたりが、お洒落な道路で漫才をやる。羞恥心《しゅうちしん》はすぐになくなった。東京の真ん中で、漫才をやっている自分に誇りを持とうと思った。

最初はひとりふたりが立ち止まって聴いてくれる程度だったのが、いつしか10人、20人とギャラリーが増えていった。「次、いつやるんですか?」と訊いてくれる人や、パンやお菓子の差し入れをくれる人もいた。数ヵ月で、僕たちがライブを始める前から、道端に人だかりができるようになった。

そんなとき、ある情報を耳にした。吉本興業が〈銀座7丁目劇場〉という劇場を銀座に作り、本格的に東京進出をするというのである。

「亮さん、僕たちさ、吉本狙わない？」

「いいね！　行ってみるか！」

夢だった吉本興業が、東京に拠点を置く。なんというタイミングだろう。

少しずつ、幸運が近づいているような気がした。そして見事僕たちは〈銀座7丁目劇場〉のオーディションに合格し、〈タムタムズ〉は吉本興業所属となった。

吉本興業から初めて貰った給料は、亮さんとふたりで2000円だった。半分に分けて税金を引かれるとひとり450円。ラーメンすら食べられない。だけど、今までのどんなバイト代よりもうれしかった。この初給料は、吉本興業と封筒に書かれた給料明細ごと母ちゃんに送った。恩返しにはほど遠い額だったけれど、受け取ってほしかったのだ。その明細を受け取った母ちゃんは、電話の向こうで喜んでいた。「こんな大事なお金、使えんよ」と。

母ちゃんは、僕らがそこそこ売れるようになってからも、宅配便を送り続けてくれた。中身には、ちょっと高級なものが入るようになった。下関名物のちくわとか、塩ウニの瓶詰めとか。しかも手作りの味噌をずっと入れてくれていた。味噌はこれぞ母ちゃんの味なのだ。この味噌で味噌汁を作るだけで実家の食卓を思い出すことができる。もう宅配便は大丈夫だよと言いたかったが、断るのも悪い気がして、しばらくは受け取っていた。同封される達筆の手紙もいつも変わらなかった。変わらないことがうれしかった。〈仕事が忙しそうですが、ちゃんと食べてください。身体に気をつけるように。風邪をひかないように〉と、忙しい日々を案ずる言葉や、出演した番組の感想などが書いてあった。

相変わらず、「シャンプー」は「シャンープ」だったが。

そのうち、芸名は長いほうがインパクトがあって覚えられやすいという亮さんからの提案で、〈ロンドンブーツ1号2号〉に変更した。コンビ名の由来はややこしいのだが、大阪出身の人気漫才コンビ〈ハイヒール〉さんに憧れているという設定のコンビを登場させるネタを作っていて、そのネタのなかに登場する架空のコンビ名の〈ロンドンブーツ〉をそのまま本当のコンビ名にしたのだった。そこに、1号2号とすればより印象的だろうという作戦だった。さっそく母ちゃんに電話をした。

「ふうん。母ちゃんは〈タムタムズ〉のほうが可愛くて好きだけど。まあええ。ほんであつしは、そのなんとかブーツの1号なん？　2号なん？」

「それは決めてないけど」

「なんかおかしなコンビ名だねえ。でも、ええね？　吉本はヤクザかもしれんけえ。変なクスリに手を出しちゃいけんよ。だめなものはだめやけえ。なんかあったら走って逃げなさい」


母ちゃん、僕はもう逃げないよ。やっと自分の居場所を東京で見つけたんだ。


〈ロンドンブーツ1号2号〉は、同じ〈銀座7丁目劇場〉からデビューさせてもらった芸人のなかでも、かなり順調なスタートを切ることができた。大手の事務所だからこそ、多くのライバルがいて、仕事を手に入れるためにしのぎを削っていた。僕は、売れている先輩たちがなぜ売れているのかを間近で見て研究していった。売れるための策をひとり練っていたのである。

〈銀座7丁目劇場〉には不思議なルールがあり、ネタを披露できる時間にヒエラルキーを作っていた。〈お笑い虎の穴ＴＯＫＹＯ〉というオーディション形式のライブで、1分組、2分組、3分組とあって、お客さんの点数が高いほど、ネタを披露できる時間も延びていく。衣裳《いしょう》のインパクトでなく、純粋にネタの内容でお客さんに判定してもらえるよう、芸人たちは黒一色のジャージを着なければいけなかった。しかし、点数が上がってくると「私服組」に昇格ができて、５分もネタをやらせてもらえる。

僕たちは、わりとすんなり「私服組」となった。これは路上ライブで僕らを知ってくれた人たちが、銀座まで足を運んでくれたおかげでもある。ライブを重ねるごとにファンの人たちが増えていくことにゾクゾクとした高揚感を感じた。当時のライバルは、〈極楽とんぼ〉や、〈ココリコ〉、〈ペナルティ〉、〈ＤｏｎＤｏｋｏＤｏｎ〉など。そこから次第に仕事が増え始めた。テレビの仕事も、少しずつ増えていった。


それから半年ほどすると、奇妙な状態が発生した。

芸人は、仕事が増えていくのと逆に食えなくなるという現象である。どういうことかというと、バイトに行けないくらい忙しいのに、給料は……という状態である。イタ飯屋でバイトしていた頃のほうが、実入りがよかった。この時期は、吉本の先輩芸人さんたちが何かとご馳走《ちそう》をしてくれて、ずいぶんお世話になった。金のない後輩の面倒を売れている先輩がみる。これは、吉本芸人の伝統と言ってもいい「恩送り」のようなシステムだ。自分が売れっ子になったら、それはかつて奢ってくれた先輩にではなく、稼ぎの少ない後輩にお返ししていく。それが当たり前の世界だった。

僕も早く、後輩に奢ってあげられるような立場になりたかった。そして、仕事と仕事の合間に、こそこそと喫茶店のはじっこの席などで、亮さんとネタ作りに勤《いそ》しんだ。

この頃、僕は亮さんのアパートに転がり込んだ。何のことはない、お金がなくて原宿のアパートの更新料が払えなくなってしまったのである。

「住まわせてくれ！」

「いいけど、家賃2500円な」

「えっ？　相方なのに金取るのか。僕が今、いちばん苦しいときだって知ってて？」

「そのほうが、淳も気を遣わなくて済むやろ」

そう言われてみれば、そうかもしれない、と僕は妙な納得をした。持って出た家財道具はゼロである。といっても、もともとほとんど持ってはいなかった。東京に来て買ったベッドは亮さんのアパートには入らないから捨てることにして、寝床は、押し入れの下を借りることになった。身に着けるものは、ジャージ2着とサンダルだけだった。

「服、それだけなん？」

亮さんは呆れていた。彼は社会人生活を経験してからお笑いの道に入ったので、そのあいだに貯めたお金があったのだ。けっこう手堅いのである。一方の僕は、どんなに苦しくても、実家だけは頼るまいと思っていた。ときどき、母ちゃんは宅配便の箱にお金の封筒をしのばせてくれていたが、自分から無心したことは一度もなかった。本当ならば、僕からそろそろ実家に仕送りしたいくらいなのだ。

原宿から引っ越す日。日焼けしてささくれ立った畳を見ながら、不安に追い込まれた日々を思い出した。外に出られなくなり、裸で、髭も剃《そ》らずにぼうっと鏡ばかりを見ていたな……。今だって何も持っていないけれど、少なくとも足がかりを作った。

これからだ。すっからかんだが、希望にだけは溢れていた。パタンッと部屋の扉を閉めた。

亮さんの部屋には、それから半年ほど住まわせてもらった。

その間、付き合っていた女の子の家に転がり込んだりもした。ひとりは神奈川県の大船《おおふな》のほうに住んでいる子で、昔のアメリカンスタイルの、50ccのスクーターに乗って、その家から銀座まで通ったりした。よくあんな小型スクーターで遠路を走ったなと思う。売れない芸人の青春映画みたいだ。

運よく僕たちは、デビュー2年目にしてラジオ『オールナイトニッポン』のパーソナリティに抜擢《ばってき》され、テレビの深夜枠でも、『ななあきロンドンブーツ』という冠番組が決まった。その後、とんとん拍子で忙しくなっていく。

給料がある程度貰えるようになって、新井薬師《あらいやくし》にアパートを見つけて亮さんのアパートから出た。家賃は4万5000円。やはり風呂はついていない。陽当たりが悪くてジメジメしていた。どうしてそこを選んだのかは覚えていない。東京に住んでしばらく経っていたものの電車の路線が複雑すぎてよくわからなかったので、近くに私鉄駅があるのを知らずに、JR中野駅から20分近くいつも歩いていた。

原宿に住んでいたことがあったから、自分のなかでは都落ち感がすごかった。人気が出てきたとはいえ、まだまだだと思い知らされた。

この頃、僕はたくさん引っ越しをした。

「給料が上がったら、その給料と同じ家賃の部屋に住む」というルールを決めたのである。都会で部屋を賃貸で借りる場合、「給料の3分の1を目安にしましょう」とよく言われるが、僕はそんな世間の常識を無視した。貯金は一切せずに給料の全額を、毎月そのまま家賃にシフトする。周囲の人たちから「おまえ、こんな高い家賃のところに住めるのか」とよく言われた。確かに無謀《むぼう》に見えたかもしれなかったが、自分をそうやって崖っぷちに追い込みたかったのである。

当時を知る同期と会うと、言われることがある。

「あの頃のおまえは常軌《じょうき》を逸《いっ》していたよ、絶対に売れてやる！　という気迫がすごかった」

人間は、本気でやりたいことがあったら、なりふりかまわず突進して、精進《しょうじん》していく時期が必要なのだと思う。そういうときはどれだけハングリーでもいい。ライバルには絶対に負けたくなかった。そして東京という街にも。


西武線沿線の新井薬師のあとは、東武東上線沿線の東武練馬《ねりま》というところに引っ越した。ここの家賃は6万8000円だった。初めてのシャワーつきで、ロフトまであった。しかし幽霊が出るという噂があって、3ヵ月ほどで撤退。次は地下鉄丸ノ内線沿線の中野新橋《なかのしんばし》に越した。ここの家賃は12万円。その後は、新宿から徒歩圏内の初台《はつだい》で18万円。そして、中野坂上《なかのさかうえ》のマンションで、一挙に28万円となった。そこには有名な先輩芸人さんも住んでいて、ようやく自分も「芸能人らしい」生活ができるようになった……僕はこの原稿を今、過去の記録を調べずにすらすら書いている。家賃の詳細までよく覚えているものだと、自分でも驚いている。

上京してからの引っ越しの総数は、たぶん20回を超えている。

今だから言えるが、この頃は借金もずいぶんとしていた。給料と同額の家賃を払っているのだから、生活費があるわけがない。街で見かける消費者ローンの無人店舗に何度も駆け込んでいる。「限度額を超えました」という表示を見たことも一度や二度ではない。いちばん借りていたときは、おそらく総額４００万円くらいあったはずだ。いわゆる自転車操業というやつである。1店の返済が終わると、ああ、ここは終わったぞと、カードにハサミを入れる。その瞬間は快感だった。暴風雨にさらされているような毎日だったが、絶対に返せるという自信もあり、借金地獄に陥るような不安は一切持っていなかった。

初台のマンションに住んでいた頃、不意に父ちゃんが訪ねて来たことがある。出張で東京に来たということだった。母ちゃんから持たされたと、たくさんの食べ物を持っていた。

「……おう、ちゃんと暮らしているじゃないか。ここ家賃いくらや?」

「18万」

「えっ?　月18万け?……たまげるな」

父ちゃんは部屋を見渡して、窓から西陽に輝く新宿西口の高層ビルをまぶしそうに見た。

「うん。テレビにも出られるようになったけ」

「安心したよ」

「うん。もっともっと頑張るからさ。そのうち、仕送りもできると思う」

「仕送りなんかええから、結婚せえ」

「いや、僕は結婚しないから。孫はあきらめてくれ」

「家族はええもんだぞ」

「けど、僕は自由でいたいんだ」

この頃から、父ちゃんと僕とのあいだにはわだかまりがなくなった。

父ちゃんがようやく僕の選んだ道を応援してくれるようになった。だから、給料をすべて高い家賃に注ぎ込んでいて、さらに借金があることなんか、絶対に言えやしない。それで自分を焚《た》きつけているのだ、と言ったところで理解してはもらえないだろう。

今振り返ってみると、あの頃のことを苦労したというふうには全然思わない。ひどい生活だったし、悔しい思いをしたことは多々あった。けれど、お笑いの世界に入れて、寝る暇さえないことも、楽しかったのだと思う。何事も楽しんだもん勝ちだ。こういうたくましいところは、母ちゃん譲りではなかろうか。

その後、ロンブーは全国に知られていった。オーディションから5年後には、『イナズマ！ロンドンハーツ』というゴールデンタイムでの冠番組を持つことができた。道を歩いていると、サインや写真を求められるようになった。

髪を赤く染めたことで、僕の顔はよけいに知られていった。もともと亮さんが金髪にしたことで、僕もやりたいなとまずは銀色に染めたが、なんだか地味だなと思っていた。赤にした理由は番組の企画で、霊能者の女の人から、「髪型が悪い、このままだとトラックの運転手になってしまう！」と、お告げを受けたからである。むっとした。下関時代の親友、ヤンチは長距離トラックの運転手で、最高にいいヤツだし、稼ぎまくっていたからだ。

しかしその人から、放送後にさらに「赤い髪にしなさい！」と、電話が入ってきたのである。霊能のことなどはよくわからないが、念入りに連絡をしてきたと聞けば気にはなる。それで思いきって赤く染めてみたら、これが思いがけず好評だった。

しかしである。案の定、母ちゃんからはすぐさま怒りの電話がきた。

「テレビ観たで、あんた何しちょるん？　髪、真っ赤に染めよって」

「いや、これは仕事で」

「仕事も何もなかよ。不良やで！　チンピラか！」

「だから仕事やって」

「毛に悪い、毛に！　毛がかわいそう思わんかっ」

「いや、母ちゃん、実は霊能者の人が……」

「だめっちゃ！　今すぐ戻しぃ！」

「戻せんて」

「ちょっと売れたけえって、浮かれとったらいけんよ」

「浮かれてない」

「いや、あつしは今、調子がついて浮かれてるよ。テレビ観てたらわかる。そういうときこそ、足元をすくわれるんやけえ」


だけど僕は、母ちゃんの言うことを聞かなかった。

確かに、多少浮かれている時期だった。結局、4～5年は赤い髪で通したが、母ちゃんには、延々とブツブツ言われていた。「亮さんと同じ金髪じゃあかんの？」と言ってきたこともある。保守的なところと、ヘンに革新的なところの両面がある人だった。

赤い髪を元に戻したのは、30歳になった頃だったろうか。

その頃は借金も返し終わり、給料の3分の1の家賃で、10年前の自分には信じられないくらいの高級マンションに住むことができるようになっていた。それでも案外、それほど有頂天にはならなかったと思う。人気商売というのは、不思議なものだ。ある地点まで昇ってしまうと、今度はその人気に自分が縛られ始める。新しい冠番組を持たせていただいても、昔ほどはゾクゾクしなくなってくる。「頂点に昇り詰めたい」という気持ちから「維持しなければいけない」という気持ちに変化していくと、いつしかそれが苦しくなっていった。

こういう性格だから、もっとやりたいことも出てきた。どうしたらいいのか……。悩んだ末に、「別に、人気を維持しなくてもいいじゃないか」と思うようになった。

人気とか地位にしがみつこうとするから、逆にヘンなことになる。それよりも自分がやりたいことをやらないと、生きている意味がないじゃないか、とまで考えた。人は、現状に満足するよりも、何かに向かって走っているときがいちばん楽しいのではないか。

だが、一方で新しいことに踏み出したら、周りに迷惑をかけてしまうかもしれない、と止める自分もいた。今あるものを壊してまで、その一歩を踏み出せばどうなるのか……。迷ってぐるぐるした。

それでバンド活動なども始めてみた。高校以来だ。単純といえば単純だけれど、自分のなかに新しい風を入れたかったのだ。何せ、澱《よど》むのが嫌いな性格なのである。あえて上り坂を作ってしまえば、また駆け始められると思った。バンドの名は〈jealkb（ジュアルケービー）〉。２００５

年（平成17年）に、芸人仲間6人に声をかけて、計7名で結成した。音だけでは勝負できないのがわかっていたから、ビジュアル系バンドにした。芸人の僕らができることは、メイクをバッチリして話題を取ることだったのだ。だけど、やるからには真面目にやる。僕はボーカルの〈hade ru〉。歯が出ているから、ハデル。亮さんにも声をかけたのだが、あっさり断られてしまった。

「あつしは、永遠に反抗期っちゃ」

曲を聴いた母ちゃんは、そう言って笑っていた。

永遠の反抗期か――それも悪くはない。確かに、電話で未だに母ちゃんと大ゲンカしているもんな。

そんなふうにまた突っ走り始めた僕の気持ちをラクにしてくれたのは、〈ナインティナイン〉の矢部さんだった。僕が35歳になった頃だ。何がきっかけだったかは忘れたが、ある日、急に声をかけられた。〈ナインティナイン〉は、ロンブーより デビューが4年早い先輩である。

「あつしは最近、MC（司会）とかよくしてんねんな、楽しい？」

あ、見抜かれていると思った。

僕はこの頃から、番組のMCの仕事が増えていた。それはものすごくありがたいことだったけれど、楽しいか？ と訊かれたら、言葉に詰まる。やはり僕は、司会者がいるなかで自由に喋り、暴れられる立場のほうが好きだった。

「実は、司会自体は、あまり楽しめてないんです」

と答えると、矢部さんは穏やかにこう言ってくれたのだ。

「確かになあ。バラエティ番組の視聴率が取れて、話題になるときは、笑いを取っている出演者の手柄になるけど、司会者の手柄にはならないよね。だけど、数字が取れなかったり、失敗したときは、まるごと司会者の責任になるからなあ。だけど、今のあつしは、そんな責任ある立場を任せたい、任せられるタレントだとスタッフから思われているということだよね。それって、すごいことだと思わないか」

そうか。僕はロンブーが売れた流れのなかでなんとなく司会者の仕事が増えたと思っていたけれど、僕を司会者として必要だと思ってくれる人、信頼してくれている人がスタッフにいるということなのだ。考えてみれば当たり前のことだが、目から鱗《うろこ》とはこのことだ。それ以降、司会の取り組み方が大きく変わった。

他の司会者が聞き出せないような聞き方をするとか、出演者の隠れた面白さを引き出すとか、司会しながら人を傷つけないようにいじるやり方だとか……そして、僕ができる司会は、橋を架けるように、人と人をつなぐことだということもわかった。その番組に出ている誰も否定せず、無視もせず、双方がコミュニケートしやすい状態を作る。さらに出演者さんたちの良さが出て、高まっていくような場を作っていくことが、僕のできることだ。

諸葛孔明もこう言っている。「兵を統率するには人の和が大切」。ああ、これは子どもの頃、母ちゃんから学んだことじゃないか。

以来、司会が断然楽しくなっていった。この世界に入ってから感謝したい人は何人もいるけれど、矢部さんも確実にそのひとりだ。

僕はこの頃からお笑いの世界だけではなくて、ロンブーをベースに、もっと広いフィールドに活動を広げていきたいと考えるようになった。社会の問題についても取り組みたいと思い始めていた。不本意、不条理なことには黙っていられない性格も昔から変わらない。まず、目の前の与えられたことをしっかりやっていさえすれば、やりたい道はきっと自然に拓けてくる。そう考えたらようやく気持ちに余裕ができ始め、視野が広がっていった。

その頃、かつての相方、〈フグの助フグ太郎〉のツカサ君と再会することになった。いっとき故郷に帰ってしまった彼は、その後写真に目覚めて、再び上京して修業、今はカメラマンとして活躍している。しばらく前、彼に宣伝用の顔写真を撮ってもらった。なかなかの恰好いい仕事ぶりだった。

人にはそれぞれに、生きる場所があるのだ。30代の後半になって、ようやくそれに気がついてきた。


2013年(平成25年)、39歳になって僕は結婚した。

たくさんの女性と付き合ってきたが、彼女——香那《かな》とは初めから何か特別なものを感じていた。だが、一度、34歳のときに別れてしまった。

別れた理由は僕のわがままだった。香那は、僕の言うことをなんでも飲み込む、OKしてくれる。どんな僕でも認めて、許してくれる人だった。包容力があった。最初はそんな彼女の優しさがうれしかったが、だんだんと物足りなくなった。なぜかというと、これまで恋愛関係にあった女性とは互いの意見を言い合って、あげくケンカを繰り返して、別れに至るということが多かったからだ。

男と女は、付き合うとやがて意見が合わずにケンカをするものだと思い込んでいるようなところがあった。ケンカをしたのちにわかり合うということがサッパリわからなかった。たぶんこれは、両親の不仲を見て育ったからではないかと思う。

ところが香那はまったく違った。こんなに包容力がある人といると、僕はヘンに丸くなってしまい、とんがった仕事ができなくなるのでは……という危機感を抱いてしまったのである。初めての感情だった。まだ30代前半なのにそれはまずい。僕はそのままの気持ちを伝えた。

「君と一緒にいると、僕のトゲを全部抜かれてしまうような気がする。だからもう、君とは距離を置きたい」

なんと失礼な男だろうか。

しかし彼女は、僕のこんなわがままさえ受け入れた。その日は一晩、僕の部屋で話し合って、翌朝、目が覚めると彼女はもう出て行ったあとで、私物はきれいさっぱりなくなっていた。その素直すぎる反応に僕は、また勝手にイラついた。


僕は、お付き合いした女性は、母ちゃんに紹介することにしていた。これは中学生の頃から変わらない。香那と別れたと知って、母ちゃんは今までにないほど残念がった。母ちゃんは、彼女のことは格別気に入っていたのだ。

「あの子はええね！　しっかりしちょる。干支は何なん？　ああ、悪くないわーね。猪はまっすぐだからね」と太鼓判を押していた。弾けがちな息子をゆったり包んでくれる、僕にはぴったりな人だと思ったらしい。「香那さん以上の人はおらん」とずっと言い続けていた。

そんな母ちゃんの言葉にも多少は影響を受けていたのかもしれない。自分から別れを言い出したのに、それからも彼女のことが気になってしょうがない。

柄にもなく、僕は恋してるんだ、と思った。

初めて本気になっている。胸が締めつけられるって、こういうことなんだ……。別れてからのほうが、いろいろな場面を思い出す。僕は、付き合った女性の何人かに子どもの頃に読んでいた『三国志』の漫画全60巻を薦めてきた。読んだふりをして、読まなかった人もいた。しかし香那は、夢中でそれを読み、僕が泣いた場面と同じところで泣いていたのだ。関羽《かんう》が死んでしまったところである。彼を息子のように思っていた諸葛孔明も救えなかった場面だ。同じ場面で泣いてくれる人に、初めて出会った。

そしてもうひとつは、一緒に山に登ったときのこと。山のお寺でふたりで座禅を組むことになった。僕は10分もしないうちに気持ちが落ち着かずゆらゆらとしだして、パシッと肩に喝《かつ》を入れられた。そのあとも足は痺れるし、頭のなかには次々に煩悩《ぼんのう》が渦巻いて、早く終わってくれと願うばかりであった。

ところが香那は、最後まで微動だにしなかった。あとからお坊さんに「あの方は、どこかで修行されているんですか」と訊かれて驚いた。お坊さんに言われるくらいだから、きっと芯があって、物事に動じない心を持っている人なんだろう。彼女のことを尊敬した。

やっぱり香那しか、いない。

しかし、メールや電話を何度しても、返事はこない。

僕は思いきって、彼女を僕に紹介してくれた友人に打ち明けた。

「また香那と会えないかな？　やっぱり忘れられないんだ」

呆れ顔をされた。

「無理に決まってるでしょう？　私だって、気まずくてもう会えなくなっているんだからね！淳君に紹介したことで、私も大切な友達をなくしたんだよ」

「お願い、この通りだ。僕が悪かった」

「無理なものは無理！」

しかし、そう言い放ちつつも、友人は彼女と連絡を取ってくれた。

「どうだった？」

「あのね、香那からの伝言。よく聞いて。『結婚をしたからと伝えて』って……」

一瞬、頭が真っ白になった。けれども、なぜか直感で嘘を言っていると感じた。覚悟を決めて、僕はいきなり香那の実家を訪ねた。彼女は、やはりまだ独身だった。

「僕が悪かったです。もう一度、考え直してもらえませんか」

「もう、あんなつらい思いをするのはイヤなんです」

彼女は心のドアを閉めた。

しかし、僕はあきらめない。それから僕は、書道教室に通うことにした。彼女の名前を毎日毛筆で書いては、彼女に送り続けたのだ。危ないヤツである。どんどん「香那」とうまく書けるようになった。そして、200枚書いた頃――彼女は再び、僕を受け入れてくれた。

決心していた。復縁するときは、結婚するときだと。この人を逃したくないと思っていた。こんなに僕を理解してくれる人に出会えることはもうないだろうと、わかっていた。

2013年9月、僕と香那は入籍した。結婚を決めたとき、香那のお父さんはこんな手紙を僕に書いてくれた。

〈取扱説明書（保証書付）　この取扱説明書には、香那を安全に使用していただくため、必要な注意事項、使用方法が記載されています。必ずよくお読みいただき、正しくご使用いただきますようお願い致します。

「ご使用上の注意」

1　何故か生まれつきの天然が入っており、いろんなチョンボを多発させる恐れがあります。最悪の場合、貴方様が大切にしているものを壊してしまう場合もありますが、何の悪意もないおっちょこちょいの仕業と見なし、大きく寛容で我慢強い対応をお願い致します。

2　もし可能であれば、年一回のオーバーホールを推奨致します。製造元は、毎年一回、ハワイに家族全員のオーバーホール旅行を定例化しておりますので、そこに同行させることにより、機能維持回復に抜群の威力を発揮するものと推察致します。

「保証に関してのご注意」

1　結婚式終了後のお取替え、ご返品はお受けできませんので、永遠に優しく、大切にお取り扱い下さい。

2　品質につきましては、深い愛情により維持することが出来ますので貴方様に一任致します。

3　万が一、おふたりの間が故障した場合には、お申し付けいただければ無料で修理にお伺いします。

「保証書」

香那は、製造元が愛情をいっぱい降り注ぎ、おおらかで、控え目で、大変心根のやさしい娘に育成致しました。不規則、多忙、且つ、ストレスが多いであろう仕事を持つ貴方様に最高のやすらぎと小さな幸せ感を日々与えてくれることを保証致します〉

さらに、亮さんからも手紙をもらった。

〈淳、ロンドンブーツを組んで20年、組んだ時にはお笑いでメシを食べられることすら想像できていなかった僕らふたりともが、まさか家庭を持つ日がやってくるとは思ってもみませんでした。正直、淳が結婚するって聞いた時、よかったなーという思いと、さびしい思いが入り交じる、複雑な感情でした。

それは奥さんにとられるとかそんなさみしさではなく、今までのロンドンブーツの淳というキャラクターとお別れするさみしさです。淳が自分のキャラクターが結婚が似合わないと考えていることはわざわざ伝えてこないけど、わかっていました。僕はそのキャラクターを突き通している淳が好きだったから、さみしかったのかもしれません。

しかし、20年間ずっとロンドンブーツ1号2号のことを大事にしてくれてた淳が、結婚を決めたということは、田村淳個人のことを少し優先してくれたように思えて、うれしかったです。

淳は勘違いされやすく、冷たいヤツと思われることもあるけど、僕は一度も、感じたことないし、勘違いしているヤツらに対して、アホや、なんもわかってへんと常に思っていました。

淳はむしろ真面目で、情に厚い男です。

今まで楽屋にいても口をきかなかった時期もあったし、ケンカもしたし、いっぱい迷惑もかけた。けどどうしても、悔やんでも悔やみきれないことがあります。

それは、10年前の僕の結婚式に淳を誘わなかったことです。

元々、オヤジの喪中で結婚式はやらない予定だったのが、急遽、正月休みに身内だけで挙げることになった時、正月旅行の行き先が決まったと話してる淳がいて、正月旅行も決まってるみたいだし、身内だけの式に呼ばれても迷惑だろうし、誘ったら断りづらいんじゃないかと思って誘うことすらしなかった。

断られてもよかったから誘えばよかった。ほんまは来てほしかった。そのことをずっとずっと、後悔してます。僕の間違った気遣いのせいで、相方なのに結婚式にも呼んでくれなかったと淳は嫌な思いをしたでしょう。

ほんまにすまんな。

勝手やけど、もし結婚式をするなら呼んでください。でっかい声でおめでとう！　と言わしてください。カナさん、淳を幸せにしてやってください。

ロンドンブーツ1号2号　田村　亮〉

亮さんは、僕にとって今まで太陽だった。この日、太陽が1個から2個になった。

じゃあ、母ちゃんは何だろう？

太陽でもあり、月でもあり、雨でもあり、雷でもあり、大地でもあった。

そして翌年、2014年（平成26年）の3月、ハワイで結婚式を挙げた。

式を挙げた教会は西海岸の海沿いにある、パラダイスガーデン・クリスタルチャペル。大きなガラス窓から南の島の陽が射し込む、きれいな教会だった。

その日の母ちゃんの喜びようといったらなかった。「復縁してくれてよかった、あの子しかおらんと、母ちゃんはずっとわかっちょったよ」と満面の笑みで言っていた。母ちゃん、父ちゃん、弟。田村家揃っての海外旅行はこれが初めてだった。特に母ちゃんは、まるで自分が挙式をするんじゃないかというくらい、はしゃいでいた。

ハワイに着くと、母ちゃんと父ちゃんはさっそくワイキキのアロハシャツの店に行った。親の世代にとって、やはりハワイといえばまずはアロハとムームーなのだろう。

よく晴れ渡った日だった。香那は真っ白なウエディングドレスで、僕も同じ白のタキシードを着た。気恥ずかしい。本当のことをいえば、結婚式はしなくてもいいと考えていた。母ちゃんにも「僕が結婚するときは、式は挙げない。何もしないよ」と言っていたので、息子の変わりように心底驚いたはずだ。父ちゃんと母ちゃんは、お揃いのアロハシャツとムームーで、式に参加した。ハワイの正装である。

そして僕は、バージンロードをなぜか母ちゃんと歩いた。

母ちゃんの腕を取り、光の降り注ぐ真っ白な教会の道をゆっくりと歩く。

亮さんをはじめとして友達や芸人仲間も、忙しいなか駆けつけてくれた。

妻に何かをプレゼントしたくて、いろいろ考えた末、ティアラを作って贈ることにした。我ながらいいアイデアだったと思う。知り合いのデザイナーさんに頼んで、世界でひとつのティアラが出来上がってきた。この日、そのキラキラしたやつを頭に飾った彼女を、心からきれいだと思った。

「香那さんを幸せにせんとダメやけえ。もっと頑張らんといけんよ」

母ちゃんは顔をくしゃくしゃにして泣いた。そんなにうれしいんだ。僕自身はさすがに泣くことはないだろうと思っていたけれど、「結婚しないと言っていた息子が、こんな日を迎えるとは……」と父ちゃんが挨拶をしたときには、涙腺が壊れた。あの口下手な人が、不肖の息子のために、かちんこちんになりながらも一生懸命に喋ってくれたのだ。

花嫁の香那は笑っているのに、花婿の僕が泣くのはカッコ悪い。僕は、涙がこぼれないようにずっと白い天井を眺めていた。家族っていいもんだぞ。いつか父ちゃんが言っていた言葉を、噛みしめていた。

そして、この式にはもうひとつ感激するサプライズがあった。

母ちゃんと父ちゃんが、2度目の結婚祝いをしたのだ。ハワイでは〈バウ・リニューアル〉といって、結婚して何十年も経った夫婦が、再び誓い合うという祝い事があるのだと知って、香那とひそかに計画を立てた。

はじめは、「いやだ、恥ずかしい！」と言っていた母ちゃんの顔はだんだんと上気して、やる気を見せ始めた。父ちゃんもどんどん真剣な顔つきになる。

ふたりは新郎、新婦みたいに祭壇の前で誓い合った。

照れながらもうれしそうだった。夫婦とは不思議なものだ。僕ら子どもたちが家にいたときには、凄まじいほどケンカしてばかりだったのに、60代後半になった今では、仲良くなって互いを必要としている。僕と弟が家を出てから四半世紀近くが経って、きっとそのあいだに少しずつふたりは歩み寄ったのだろう。

最後は両家の家族全員でぎゅうっと抱き合っていた。試合後のチームみたいだ。僕たち家族に、こんなことが起こるとは思いもしなかった。

母ちゃんは「ありがとう、ありがとう」と僕と弟に繰り返した。本当に何度も何度も言った。そして列席してくれた人たちにも、これからも息子をよろしくお願いしますと、何度も何度も頭を下げた。


母ちゃんと父ちゃんが抱き合っている姿を、僕はたくさん写真に収めた。

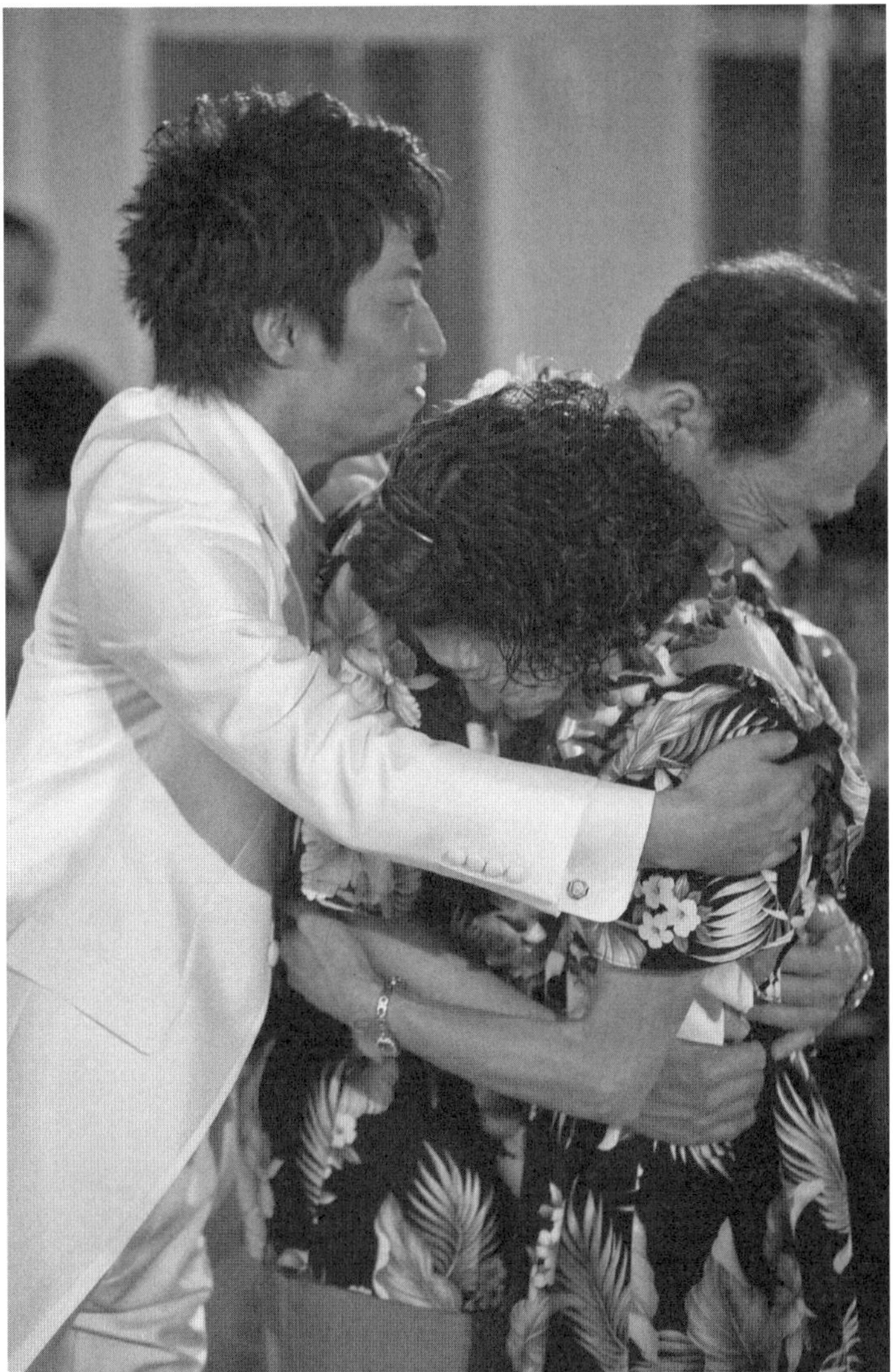

第三章
あなたの子どもでよかった

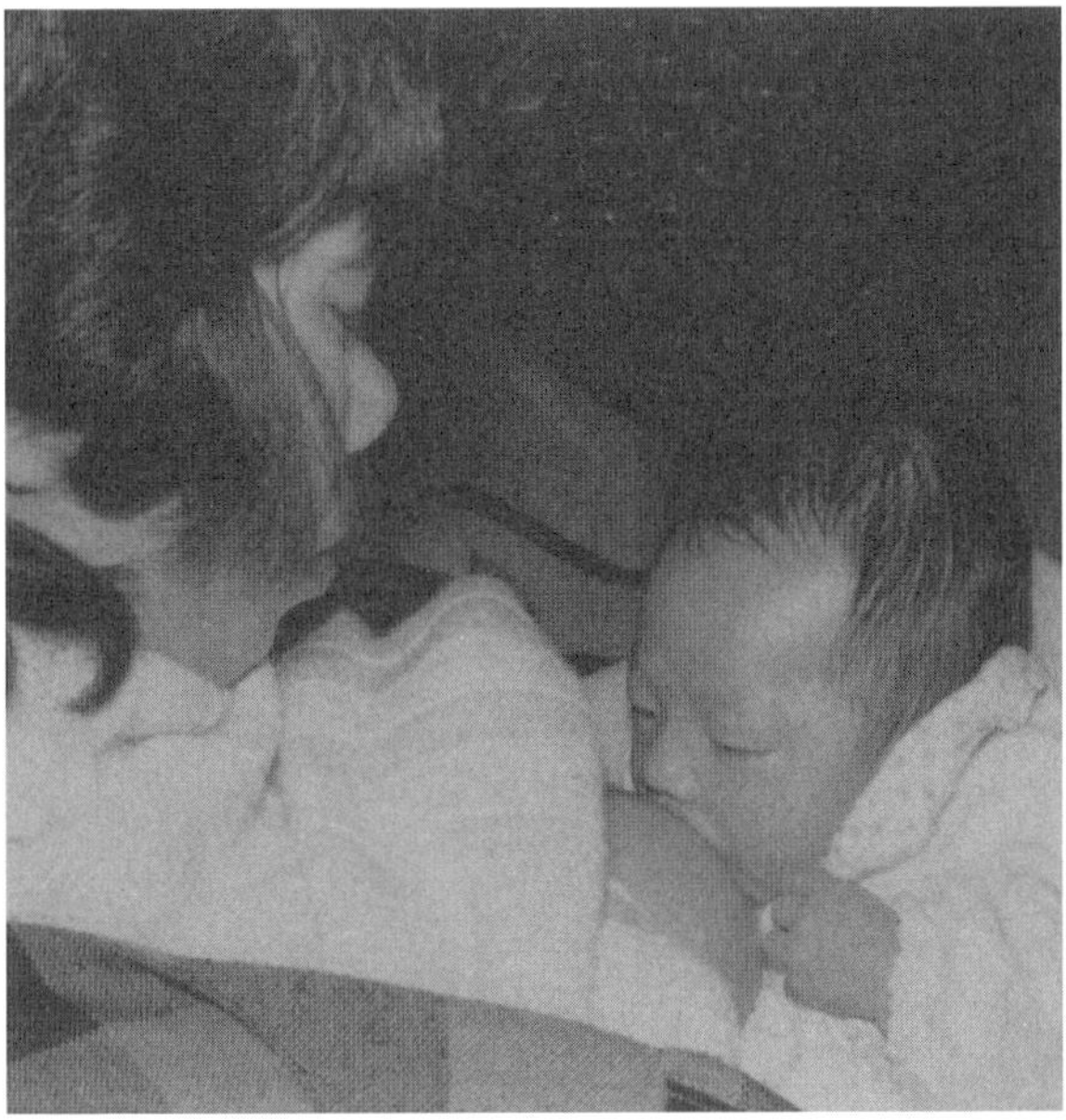

母ちゃんとＬＩＮＥを始めたのは、２０１５年（平成27年）のことだ。僕が結婚してからというもの、連絡を取り合うことが増えた。「香那さんに迷惑をかけていないか、泣かせていないか」というメッセージがやたらと来る。

その夏のこと。暑い日だった。母ちゃんから来たＬＩＮＥには、『話があるから、電話をくれる？』と書かれていた。なんとなく変な感じがした。仕事が一段落してすぐに折り返しの電話をすると「あのね」と言い、ほんの少しの間があった。

「あのね、母ちゃん、がんが見つかったんよ」

「え」

急な事態を飲み込もうとした。

「お父さんに一緒に病院行ってもらってな、検査した」

「……」

「左の肺にな、見つかった」

瞬間、何年か前の父ちゃんのがんを思い出した。父ちゃんは突然トイレで倒れたことがあって、病院に運ばれた。そのとき左肺にがんが見つかったのだ。母ちゃんと奇《く》しくも同じ場所である。幸い初期の段階で、すぐに手術をして取り除くことができた。その後の経過は良く、今も元気でいる。

「手術するの？　父ちゃんも手術して、今はまったく元気だし」

「……」

母ちゃんは黙り込んだ。よく聞こえなかったのかもしれない。もう一度、「母ちゃん、手術は……」と言いかけて、前に聞いていた、母ちゃんの言葉が頭をよぎった。

——うちは何かあった場合、延命治療はせん。

最初に聞いたのは、僕が20歳くらいの頃だったと思う。理由を聞いたことはなかったが、何か思うところがあったのだろう。看護師という仕事で、長年、医療の現場にいたことが関係しているのかもしれなかった。ここ数年は、実家に帰省するたび、「何かあっても私に延命治療はしないでね」と口癖のように言っていた。母ちゃんの旧《ふる》い友人が十数年前に倒れて、意識がないまま今も入院し続けていることも、気にかかっていたようだ。

だけど、いくら母ちゃんがそんなことを呟いていても、そんなのは遠い未来の話であると高をくくっていた。今、それが急に現実的になって、どう話したらよいのか、言い方に迷った。

「あのな……。僕は母ちゃんの意思を尊重する。だけど、もし悪いところだけ取り除けるなら、絶対にやってほしいんよ」

母ちゃんは電話の向こうで、ずっと黙っている。かといって、重苦しさが伝わってくるわけではない。

「悪い部分だけを手術で取る積極的な治療だよ。延命とかじゃなくて」

「……」

「もし、どうしても手術せんっていうなら、せめて検査だけは定期的に行ってよ」

「……うん。わかってるっちゃ、それくらいは」

明るく答えてくる。

「父ちゃんだって、あれからずっと元気でいるし。母ちゃんがいなくなったら、父ちゃん、悲しむよ？」

「あつしは忙しいけえ、心配せんでええよ」

「心配だよ！」

「まあ、またいろいろ決まったら報告する。すぐ死んじゃうわけでもないだろうから」

死ぬ？

「何言ってんだよ？　がんは今、早く治療すれば治せる病気だよ」

「わかっとるって。母ちゃん、元看護師やからよくわかっとる。だから無理して帰って来なくていいけんね。おおげさにせんで」

電話が切れるとすぐに、大丈夫だ、きっと大丈夫だと自分に言い聞かせた。

心臓のドキドキが止まらない。あんなに元気に見える母ちゃんの体にがんの細胞があるのか。しかし、いちばんショックを受けているのは母ちゃんのはずだ。きっと子どもに話すのは嫌だったろう。それなのに、いつもの通り明るくふるまっていた。

その夜、弟のひろしに電話を入れた。彼は、広島で働いている。

「父ちゃんが、そうとう参ってるよ」

とひろしは言った。父ちゃんと電話で話したらしい。

「そうか」

「最初、お医者さんからがんだと聞かされたのは、父ちゃんなんだって。けど、父ちゃん、口下手じゃん。うまく説明できなくて、母ちゃんを病院に連れて行ったって。とっくに母ちゃんは察していたみたいでさ、口ごもる先生に『もうはっきり言ってください』って言ったんだって」

なんとも母ちゃんらしい。病院の診察室で、医師を前に直球で質問をする母ちゃんの姿が浮かんだ。母ちゃんの横で、おろおろしている父ちゃんの姿も。

「俺は母ちゃんに手術してほしいよ」

「うん。俺も」

「今夜、父ちゃんに電話しておくよ。これが俺ら兄弟の総意だって」

「頼むわ。母ちゃん、なんとか手術、受けてくれるといいな。兄貴、いつ帰れる？　こっちは近々、顔を見に行くけど」

「できるだけ早く行くよ」

「わかった」

弟の存在が、心強かった。思えばずっと、弟は長男がやるべきことを代わりにやってきてくれた。今回は僕もできるだけ家族に向き合おう。その夜、父ちゃんに電話をした。

「手術してほしいと思ってる。悪いところを取って、治るならいちばんいい。母ちゃんにも電話でそう伝えたけど、前から、延命治療はしないとか言ってるから、踏み切らんかもしれん。でも、がん手術は延命治療じゃないよね？　父ちゃんからも言ってくれよ。俺もいろいろ調べてみるからさ」

「うん……」

「父ちゃん？」

「……」

「俺らはいつも傍《そば》にはいられんから、ごめん。これから父ちゃんにいろいろ託すことになるけど、大丈夫？」

「……わかっとる。わかっとる。任せとけ」

その「任せとけ」が、ひどく自信なさげに響いた。あの頑固一徹な父親の感じではなかった。かなりへこんでいるのがわかった。

「代わってやりたいよ」

「え、何？」

「久仁子と、代われるものなら、代わってやりたい」

「父ちゃん……」

「迷惑ばっかりかけてきた」

「あのね、俺らもできるかぎりのことはするから。父ちゃんも遠慮せんでいつでも連絡してきてよ」

「……」

がらんとした実家の台所の光景が目に浮かんだ。

それから2ヵ月ほど経って、母ちゃんは下関の病院で手術を受けた。「様子を見る、様子を見る」と言いながら、どんどん日が経っていたのでハラハラしていた。後でわかったのだが、「子どもたちが心配するから、どうしても言わなくてはいけないことだけ言って。よけいなことは黙っていて」と、父ちゃんは、病状を伝えることを止められていたのだ。

本当のところ父ちゃんは、僕たちにいろいろと相談したかったに違いない。全部を背負わせてしまって申し訳なかった。しんどかっただろう。でも、それくらい母ちゃんは意思の強い人だった。

手術を受けたと聞いて、仕事の調整をしてもらってすぐに下関の病院へ見舞いに行った。

ベッドで寝ていた母ちゃんはずいぶんと痩せていた。もともと細身の人だけれど、想像以上に痩せていた。母ちゃんが病人に見えたのは、これが初めてだ。でも、僕が動揺を見せてはいけない。痩せちゃったね、とは絶対に言えない。

「おう、元気そうだね」

「あつし、忙しいのに来てくれて。悪いっちゃ。来んでええのに」

笑顔を見せた。

「仕事は大丈夫だよ。もう悪いところ取ってもらったんだから、あとは元気になって、またごはん、たくさん食べられるようになるといいよね」

「元気やけ。それよか、あつし、忙しすぎて体、こわさんようにせんとな。香那さんにも心配かけて悪かったね」

「僕は大丈夫」

「香那さんいるから心強いわ。あのまま結婚しんかったら、どうしよ、困るなあ思ってた」

病室の窓からは下関の街が見渡せた。関門海峡が、薄青く霞《かす》んでいる。子どもの頃からの、見慣れた平和な景色である。

「母ちゃんな、ようやくあつしの反抗期が終わったなって最近思っとるよ」

「俺、もう42だよ?」

「長い長い反抗期やったね。やんちゃばかりして……」

気丈にふるまっているのがわかった。正直、このまま退院できるのだろうか、退院できてもそのあと大丈夫だろうかと思うほどだった。

しばらくして、なんとか退院の日がきた。

これからは定期的に通院して検査をする。普段通りの暮らしができるようになって幸いだったが、様子を聞くと、手術の後からずっと痛みが残っていて、取れないのだと言う。寝ているときはいいが、起きているときが痛い。手術は、メスを入れる開胸手術ではなく、傷が小さくて済む胸腔鏡《きょうくうきょう》で行ったが、穴を開けたところがずっと痛いとのことだった。僕は病院に出かけて原因を訊ねることにした。

医師の説明では、術後は順調で感染症にもなっておらず、痛みの原因がわからないということだった。しかし、「ごく稀《まれ》に田村さんのように胸痛が収まらない、術後疼痛《とうつう》症候群というものになる人がいます。痛みを取る専門医をご紹介することもできますが」と言われた。「母と相談してみます」と、病院を出た。

その後、東京に帰って知り合いの医師に相談をすると、ペインクリニックのある大学病院の先生を紹介してくれた。しかし、そこは遠すぎて無理だと母ちゃんは言う。九州の病院も探し、母ちゃんに薦めたが、もう移動するだけでしんどいと言う。

「電車じゃなくて、父ちゃんの車での移動なら大丈夫でしょう」

「いや。車でも、長い時間、揺られるのは……しんどいんよ」

そんなに弱っているのか……。

母ちゃんは67歳。芸能界で母ちゃんと同年代の人は皆、まだまだ元気いっぱいだ。だけど、病を持っている人間にとっては、長時間の車の揺れは体にきついのだということを知った。その人でなければわからないことは、世の中には山のようにあるのだ。

母ちゃんはこれまでずっと、年に2回くらいは上京して、会いに来てくれていたのに……急激に寂しくなった。すると僕の気持ちを察したかのように言う。

「また東京へは行くからね。けど、冬はしんどいやろうから……夏がええかな」

僕と弟は、都合がつくかぎり帰郷するようになった。


翌年の秋、長女が生まれた。

母ちゃんは、それはもう喜んだ。香那も生まれたばかりの子を連れて下関まで足を運んでくれるようになった。時には、僕の仕事の調整がつかず、自分と娘だけで行ってくれた。「ありがとうな」

と、香那に言う。

「何言ってるのよ、お母さんがいちばん苦しいんじゃないの。子ども連れて行くくらい、なんでもないよ」

「下関、遠いから」

「遠くないよ。私、好きだよ、下関。それに、お母さんの料理も好き。この前もね、瓦《かわら》そばの作り方を教えてもらったの」

「そうか。瓦そば。昔、母ちゃん作ってたなあ。台所仕事ができるようになってよかった」

あるとき、僕の実家から帰ってきた妻が、携帯に収めた一枚の写真を見せてくれた。

母ちゃんと父ちゃん、長女の３人が写っている。この背景は……見覚えがあった。

下関には、海辺に〈はい！からっと横丁〉という名の小さいアミューズメントパークがある。

フワッと体が浮いて宙をぐるぐる廻るようなやつや、メリーゴーラウンド、観覧車もあった。観覧車がてっぺんまで廻った頃には関門海峡が一望できて、対岸の北九州市や、遠く愛媛の島影までもが見渡せる。

「観覧車、乗ったんだ」

「うん。お母さんが行こうって」

「喜んでたろ」

「皆喜んでた。あの子、初めて乗ったし、お母さんが手を握ってくれてたから。私も楽しかった！

下関は本当に海がきれいだね」

「観覧車なんて、親と一緒に乗ったことなんてなかったなあ」

その写真の長女の姿に、幼き自分を重ね合わせていた。あの頃、母ちゃんも父ちゃんも働き詰めだったし、金もなかった。本当は、もっと僕と弟を連れて行きたい場所がたくさんあったに違いない。

親は、自分の子どもにできなかったことを孫で叶えようとするのかもしれないな……。

「今度、あなたも一緒に乗ればいいじゃない。お母さん、お父さんと。きっと楽しいよ」

「そうか。それもいいな。照れくさいけど」

退院後数ヵ月が過ぎて、母ちゃんは市販の鎮痛剤をなんとかうまく使うようになっていた。

術後の痛みについて、自分なりに本を読んだり、記事を見かけると切り取ったりして研究していたが、なかなかいい方法が見つからずにいた。昼すぎの2時から3時にかけてがいちばん痛みが強くなる確率が高いとわかってきたので、そのタイミングを見計らって薬を飲んでいるとのことだった。そこは元看護師である。医者任せにはせずに自分で痛みを凌《しの》ぐ方法を模索し続けた。痛みは取れないものの、徐々にもとの生活に戻れるようになったことで、またあちこち出かけられるようにもなった。楽しみは地元の同年代の女性たちで結成した〈乙女の会〉というグループで小旅行をすることだった。母ちゃんたちがいかにもつけそうなネーミングだ。

子育てや仕事や介護に一段落した女の人たちが、ようやく少しゆっくりできて、遠慮なく旅行や食事を楽しむ会だったらしい。年配の男性のそういう会は少ないだろうけど、やはり女性のほうが、楽しみを見つけるのが上手なのかもしれない。旅先の土産を買うことも楽しみにしていた。結成したのは、10年以上前であったが、次第に母ちゃんより高齢の人たちを含めて、遠出がしにくいとか、しんどくなった人たちも出てきたらしく、2年ほど前には解散してしまったそうだ。歳をとるということはそういうことだ。だから動けるうちに動いておくのは大切だと思う。母ちゃんも子育てが終わったあとは、ようやく行きたいところに行けるようになっていた。

母ちゃんは、再び東京にも来てくれた。僕はできるだけ、母ちゃんが好きそうな美味しい和食の店に連れて行った。

「美味しいねえ、美味しいねえ」

ほころぶ顔を見るのはうれしかった。

滞在中は、我が家の台所にも立ってくれた。子育てで大変なときだったから、助かった。母ちゃんの料理はハイカラなものではなかった。田舎の海に囲まれた島のおばさんが作る、素朴なものばかりだ。野菜を炊いたり、炒めたり、魚を煮つけたり……。そして母ちゃんは長年、手作りしていたあの味噌をいつも持って来てくれた。大豆を煮て、発酵させて作る。母ちゃんの作る味噌汁の旨さを知ったのは、小学校の給食で味噌汁が出てきたときだ。給食の味噌汁だって美味しく作ってあるのだろうけど、母ちゃんのとは全然違った。貧乏だったけれど、味噌汁のおかげで丈夫に育ったのかもしれない。

「何か、作ってほしいもんある？」

我が家に泊まると、いつも母ちゃんは聞いてきた。僕は答える。

「おにぎりと味噌汁だな、やっぱ」

「またかい。そんなんでええの」

あの味はやっぱり母ちゃんの味なのだ。だから母ちゃんが遊びに来ているあいだ、朝は毎日、テーブルにおにぎりと、卵焼き、自家製味噌の味噌汁が並んだ。香那は一緒に台所に立ち、母ちゃんに作り方を習う。娘も喜んで食べていた。こんな日々がずっと続きますようにと祈りながら「いただきます」を言った。

それから2年が過ぎた。

痛みはまだあったが、母ちゃんは順調に回復しているように見えて、僕ら家族は少しばかり安心していた。もう大丈夫なんじゃないか……そう思った矢先、がんの再発を知った。2017年(平成29年)のことである。

慌てて下関へ帰った。母ちゃんは、またもや冷静だった。もう一度手術をするかどうか、という話になった。だが、今度は強く拒否をした。

「もう手術はしたくないんよ」

「なんで?」

「もう体力が残ってないけえ。手術は体がしんどいんよ」

「俺、調べたんよ。体に負担がかからない低侵襲《ていしんしゅう》治療っていうのとか、いろいろあるよ?」

「しない。他の治療も絶対にしない」

以前よりもはっきり言う。この場合の他の治療とは、がん治療のことだ。放射線や薬で抑えることも何もしない。たとえ進行してひどくなったとしても、医療で無理に命を延ばすことはしたくない、自然な死を迎えたいという、母ちゃんのなかでの揺らぎのない決め事だった。

「あつし、わかっているよね？」

母ちゃんは確認するように僕の目を覗き込む。

「……うん。……わかっちょる」

「元気なうちに、ちゃんと言っとくけえね。あらゆるがん治療、延命治療はもう、せんよ」

「うん、わかった」

「そんな顔せんでええっちゃ。心配せんでええよ。がんが大きくならんようにして……がんと向き合って長く生きるけえ」

多少つらくとも再び手術を受けて、一日でも長生きしてほしい。それが僕らの本音だった。何回か、「考え直してみたら？　また受けてみるのもいいんじゃない？　手術ができるのならば、したほうがいいって」とも言ってみたが、母ちゃんは決して首を縦に振らなかった。

再発がわかった時点で、母ちゃんはもう自分の人生に線引きをしたのに違いない。

母ちゃんの意思を尊重するのが、親孝行なのかもしれない。家族といえど、ひとりひとりが考える領域には踏み込めないこともある。どんなに長いあいだ一緒にいても、何度同じ飯を食べても、「死」というものは家族のものではなく、個人のものなのだ。

父ちゃんはすっかりしょげかえっていた。

冷静な気持ちで東京に戻って来たが、僕もしばらくは、日に何度も心が揺れた。

母ちゃんの本心はどこにあるのか。家族に迷惑をかけたくない、という理由だけで治療を拒否しているのではないか……。

だけど母ちゃんは、人生を投げ出したわけではない。延命治療をしたくないと言っているが、死にたいとは言っていない。死を現実に受け止めつつも、限られた日々をより丁寧に、より充実させていったように思う。無理に延命することで体に負担をかけるよりも、与えられた寿命を短くとも元気に生きることを選択したのだ。


死を考えることは、生きることなのかもしれない。いつしか僕もそう考えるようになった。


２０１９年（令和元年）の秋。東京湾で屋形船を楽しんだ。

それは、母ちゃんが書いていた、〈やりたいことノート〉から始まった。大学ノートに、残された人生でやりたいことを思いつくままに書き出したというのだ。そのノートを、母ちゃんは上京したときに、「これはね、私が死ぬまでにやりたいことなの」と香那に見せていた。がんを最初に発症したときに思いついて、書き始めたのかもしれなかった。最期の日を迎えるまでの――覚悟だったのかもしれない。

○銀座の資生堂パーラーでパフェを食べてみたい。
○北海道に行きたい。
○マカロン食べたい。
○家族みんなで屋形船に乗りたい。……etc.

「どれから始めましょうか」と香那が訊ねると、「屋形船！」と母ちゃんは無邪気に答えたという。

本当はそのときに叶えてあげたかったのだが、あいにく時季外れだったので、持ち越しになっていたのだ。

今しか、ない。

「どうだろう？　僕たちの新居が出来たお祝いで屋形船で宴会をしようって言ったら、母ちゃんも気を遣わないで済むんじゃないかな？」

「いいね！　そうしようよ」

昔、『死ぬまでにしたい10のこと』という映画を観たことがある。がんで余命宣告を受けたヒロインが、誰にも自分の余命を告げずに、やり残したことをリスト化して、ひとつずつ実行に移していく。もしかしたら、母ちゃんもあの映画を観たのだろうか？　人は死を目の前にしたとき、「あのとき、あれをやっておけばよかった」ということばかりを考えるという話を、いつか聞いたこともあった。

小さい頃から誰もが思い描く夢がある。「いつかやりたい」「いつかやれるはず」と。でも、そのほとんどは日々に埋もれて、消えてしまうものかもしれない。あきらめてしまったり、周囲から反対されてやめてしまったり、やがて忘れてしまうこともあるだろう。

それが人生というものなのかもしれないし、叶わなかったとしても、どこかで折り合いをつけて人は生きていく。


夢を全部叶えるには、人間の一生は短すぎる。

ただ、できれば後悔のない一生であったらいい。僕は夢にしがみついて、気づけば仕事が忙しくて、今まで、母ちゃんが何をしたかったのかなど考える余裕もなかった。母ちゃんをこれから世界一周旅行に連れて行ってあげるのは難しいだろうけれど、屋形船くらいなら、なんとかなる。しかも今の僕なら、ちょっとばかし大きい屋形船に乗せてあげられる。僕は母ちゃんに、ＬＩＮＥを送った。

『屋形船遊びするか?』

「する！」

速攻で電話がきた。ちょっと安心する。

「俺も一度、乗ってみたかった。船遊びって風情があるじゃん」

「それなら、家族だけじゃなくて、いっぱい呼びたいんよ。香那さんとこのご家族や、これまでお世話になった人たちや、あつしの東京の仕事仲間も、家を建ててくれた工務店の人も……。うちの招待でやるからな」

「おっ、田村久仁子プレゼンツやな！」

「ちっとは貯めたお金もある。あつしが日頃お世話になっている人たちへの御礼に使いたい」

もちろん、母ちゃんより少しは僕のほうが金持ちだ。でも、母ちゃんの思いを叶えてあげることが、親孝行だと思った。

「うれしいなぁ。大勢で楽しめるなぁ」

電話の向こうでそわそわしているのがわかる。久しぶりにうれしそうな声を聞いた。

そして、初秋の東京湾を巡る、田村久仁子プレゼンツの屋形船遊びが実現した。僕の仕事関係者のスケジュールを合わせてもらうのは大変だったが、皆が気持ちよく参加してくれた。ほとんどの人が、母ちゃんの病を知らなかった。それがかえってよかったのかもしれない。

けっこう大きい船だった。独特の風情があっていやおうなしに気分が上がる。竹芝から少し沖に出て、東京湾をぐるりと廻り、レインボーブリッジの下をくぐる。夕暮れになり、沿岸のビル群の灯りがともり始めて、なんともきれいだった。

「母ちゃん、痛みは大丈夫か」

「大丈夫。こんなに楽しけりゃ、痛みも忘れるっちゃ。あつしと香那さんのおかげだよ」

母ちゃんは、持ち前の明るさと社交性で、初めて会う人とも前からの知り合いのようにお喋りをする。母ちゃんが指名した人は、絶対にカラオケを歌わないといけないという流れになり、場はおおいに盛り上がった。僕の仕事関係の人たちにも、冗談を言ったりした。「お母さん、息子さんより面白いじゃないですか！」「そりゃそうよ」などと、お笑いのプロを相手に笑っている。

父ちゃんはその傍《かたわ》らで、笑いながらちびちびと焼酎を呑んでいた。

残暑の生ぬるい風も、水上では心地がよい。僕はちょっとだけ感傷的になって、揺れに身をまかせた。母ちゃんの病気のことがなければ、それぞれに知り合うこともなかっただろう人たち。僕だって、家族で屋形船に乗ることなんてなかったかもしれない。母ちゃんのやりたいことを実現した企画だったが、本当は、僕がやりたかったのかもしれないな……。

「たくさん写真撮ってね。ほんで父ちゃん、ちゃんとデータにするんよ」

「何？　データって？」

父ちゃんがすかさず答える。

「この前な、スキャナーちゅうのを買うた。母ちゃんがアルバムの、おまえたちの昔の写真をひっぺがえして、これをデータにしとけって言うもんじゃから」

「なんで？」

「データにしたら消えないでしょう。ＩＴよ、ＩＴ」

そんなことをしているのか……。少し驚いた。

こうして再発を告知されてから、無事に3年近くが過ぎていった。

大晦日も、元旦も、家族のあいだでは『あけましておめでとう』のLINEが往き来した。もしかするとこのまま、母ちゃんはまだまだ元気で生きてくれるのではないか。しかし、気持ちのどこかでは、いつ何が起こってもおかしくないのだと、冷静に言い聞かせている自分がいた。

母ちゃんの意思を尊重し人生を見守ることが、家族に残された務《つと》めなのだった。

そして2020年（令和2年）。世界はあっという間にコロナウイルスにまみれて、未曾有《みぞう》の事態となった。世界の動きがパタリと止まった。まさか生きているあいだにこんなことが起こるとは想像もしなかった。日本も4月には緊急事態宣言が出て、最低限の要件でなければ、出歩くことがほぼ不可能となった。街から人が消え、僕のいるエンターテインメント業界もさまざまな自粛を求められた。映画館や劇場も閉じた。

それでも僕はSNSでいろいろな発信を始めていたので、活動は続けられた。

いちばん困ったのは、東京から出られなくなって、母ちゃんに会えなくなったことだ。会いたくても会いに行けなくなった。きっと僕のようなケースはたくさんあるのだろう。医療崩壊という言葉を聞くたび、ドキリとした。受けるべき治療を受けられないという人をひとりでも減らすためには、僕たちひとりひとりが不要不急の外出を控えるしかないのだ。

ゴールデンウィークの頃、母ちゃんからある小包が香那宛に届いた。それは、母ちゃんの着物をリメイクして作られたバッグだった。香那は袋を開けて泣いていた。

「お母さん、私が死んだらこれをあげるって前から言っていたの。それが今、届くなんて」

嫌な予感がした。いてもたってもいられなくなり、下関の母ちゃんの主治医に電話をした。父ちゃんは、本当のことを知るのは怖いと、尻込みをしていた。

「もって1年ですね」と、医師は静かな口調で言った。

「母ちゃんは、そのことは……」

「まだお伝えしていません。余命については、訊かれなければ私からは言いません」

覚悟はしていたが、現実にそう医師から告げられると頭が真っ白になった。その後、どんな話をしてどう電話を切ったのかは、あまり覚えていない。

緊急事態宣言が明けると、僕たち兄弟は、すぐに実家に駆けつけた。

「よう来てくれたねえ」

少しのあいだ、会っていなかっただけでも、また弱ってしまったのがわかる。確実に病は進行しているのだ……。食欲も衰《おとろ》えている。台所に立つのも億劫《おっくう》になったらしい。あんなに料理をしていた人なのに、包丁を握るのもしんどいとのことだった。父ちゃんがスーパーで惣菜を買って来ているとのことだった。

6月中旬。弟と僕はスケジュールを合わせて再び実家に帰った。この月、無事に次女が生まれたことを、報告もしたかった。少しでも会っておかないといつまたどうなるかわからない。母ちゃんのがんも、コロナの感染状況も……。

「たまには外で食べようよ」と僕は提案した。弟はすぐに乗ってきた。

「いやいや、あんまり出歩かんほうがええ。久仁子も疲れるで。コロナのこともあるしな」と、父ちゃんは遮《さえぎ》る。

「たまには外の空気も吸ったほうがいいよ。マスクちゃんとして。母ちゃんはどう？　下関でさ、いちばん美味しい天ぷら屋さんがあるじゃん、あそこに行こうよ」

「ああ、天ぷら、いいねえ、食べたいね」

「うん、行こうよ」

昔、母ちゃんは芋の天ぷらや、白身魚の天ぷらをどっさり揚げてくれたものだ。

4人で外食するのは久しぶりだった。父ちゃんの車を僕が運転した。車窓を流れる景色は、僕が生まれて40数年も経っているのにほとんど変わらない。それがうれしかった。母ちゃんも父ちゃんも結婚してからずっと、この海風に吹かれてきた。

「美味しいねえ」

さくさくする海の幸や野菜を少しずつ頬ばりながら、母ちゃんは目を細めた。父ちゃんも焼酎を呑みながら、久しぶりに緊張を解いているようだった。

母ちゃんが、食べている。大丈夫、食べられるうちはまだまだ、大丈夫だ……僕と同じことを、弟も思っていたに違いない。

僕は、できるだけさりげなく、明るく、切り出した。

「母ちゃん……この前、俺、先生に電話をしたんだ。本当のことを教えてほしいって。そしたら……母ちゃんのがんの転移が進んでいるって。もう……あんまり長くは生きられない。もって、1年だって」

父ちゃんが突然下を向いて、箸を置いたまま動かなくなった。

だが母ちゃんはまっすぐ、僕の顔を見ている。

「ごめんな、突然こんなこと言って。でも、母ちゃんだったら絶対に、自分の余命を知りたいと思って」

じっと僕の目を見つめてから、母ちゃんは笑った。

「そうか。そうかなと思ってた。でも、余命なんてはずれるからね。母ちゃんは、余命を超えて長く生きると思う」

弟が必死で涙をこらえながら言う。

「そうだよ。余命なんて、あってないようなもんだよ。なあ、これからももっと家族で集まって食べようよ。兄貴も忙しいだろうけど」

「おまえだって、働きざかりで忙しいじゃん」

「香那さんと赤ちゃんは大丈夫？　コロナで出産も大変じゃったろ」

母ちゃんが心配そうに聞く。弟は子どもが３人の５人家族で、僕の家も、４人になった。

「うん、元気だよ、大丈夫。いつ連れて来られるかなあ」

家族は、生き物だ。

毎日同じように見えて、同じところに同じ形で留まっている日は一日もない。子どもが生まれて、成長し、親は老い、絶え間なく形を変えていく。それでもこうやって集まることができる。

「家族４人でごはんを食べるのは、あつしが東京に出て行った前の晩以来やねえ。あつし、ありがとうな。母ちゃんは余命を知って、よけいに生きる気力が出てきた。でも、香那さんにはこのこと、言わないでおいてね。出産したばかりなのにそういう心配かけたくないんよ」

それからしばらくのあいだ、4人で思い出話に花を咲かせた。

兄弟揃って母ちゃんを待っていた保育園のこと。チューリップのから揚げ。毎朝のジョギング。ヌンチャク事件。高校に行かないと僕が言い出したときのこと。就職先が倒産してしまったときのこと……弟の何倍も、僕を育てるのは大変だったと母ちゃんは笑う。

「そうだ、写真、撮ろうよ」

弟が、お店の人に頼んで4人の写真を撮ってもらった。マスクをしているバージョンと、マスクをはずしたバージョンと……。

「はい、チーズ！」

なんだか幸せな夜だった。

これが……4人で写る最後の写真になるとは、このときは思いもしなかった。まだ食べられる。だから、これから先もまだあると思っていた。

母ちゃんが大腿骨を骨折したという連絡がきたのは、それから2週間ほどしてのことだ。歩けなくなってしまって、前と同じ病院に入院することになったという。弟と日時を合わせて、ふたりで病院に出かけた。

「しばらくおとなしくしていたがんが、また悪さをし始めたみたいだねえ」

母ちゃんは言った。淡々としていた。その後、僕たちは診察室に行って医師の説明を受けた。思っていたよりがんは体中を蝕《むしば》んでおり、他の内臓にも骨にも転移していた。再発したと知ってから、いつかこういう日が来るだろうと思ってはいた。でも、永遠に来ないかもしれないとも思っていた。母ちゃんは強い人だからとどこかで思ってもいた。

ほんの少し前、天ぷら屋さんに行ったときは元気だった。骨折さえしなければまだ歩き回れただろうに、思っていたより時計が早く進んでしまった。

「残念ですが、どこかで、覚悟をしておいてください」

主治医の先生は言った。これまで何百人……もを見送ってきただろう人の、冷静な口調だった。そして母ちゃんもまた、見送ってきた側の人だった。

「そうですか」

肩を落とした弟の横で、これから先のことを考えた。

「ご本人からの希望がありましたが、いざというとき、人工呼吸などの延命治療は本当にしなくてもよいのですね？」

医師は、確認をするようにもう一度、聞いた。

「はい」

僕はしっかり答えた。

しっかり答えたのには、母ちゃんに言われていただけでなく理由がある。最初にがんが発見された2015年、母ちゃんは僕と香那宛に、『尊厳死求め宣言書』なるものを送ってきていたからだ。

毛筆の宛書に、ボールペンで文言が書いてあった。


『尊厳死求め宣言書』

1 私の病気や事故で、不治の状態で、死期が迫っていると判断された場合、延命処置は、一切お断りします
2 ただし、苦痛を和らげる処置は、最大限に実施してほしい。その為の副作用でもし死期を早めたとしても構いません

3　植物状態に陥ったときは、一切、生命維持装置を取りやめてください

「私の要望に基づく行為、一切の責任は私自身にあります」

平成二十七年八月十二日　　田村久仁子

これがその内容である。以前からこのことはずっと話していたことだったから、送られてきたときも意外ではなかった。しかし、今、それが現実になろうとしていた。

父ちゃんは大丈夫だろうか。毎日、母ちゃんの見舞いに行っていた。自分で軽自動車を運転して行っていたが、そう若くもない身に、毎日は大変に違いない。ときどきは「久仁子もひとりでいたいときがあるだろうから」と病院の駐車場で少し時間をつぶしてから行くと言っていた。母ちゃんを気遣いながら、本人も疲労しているはずだった。

今こそ、子どもふたりで支えなければいけない。母ちゃんと僕、そして家族4人のＬＩＮＥは以前からあったが、それとは別に、新たに僕と父ちゃんと弟の3人のグループＬＩＮＥも作っ

た。病状をいつも共有できるようにしたのだ。

『骨折が治ったら、うちに帰るよ。誕生日はうちで祝いたいけ』

母ちゃんからＬＩＮＥが届いた。誕生日は――8月10日。あと1ヵ月以上ある。

『そうだね、新しい目標ができたね』

『絶対に帰るよ！』

こうして再び入院生活が始まった。母ちゃんは、ベッドの脇に、あの日の天ぷら屋さんで撮った家族4人の写真を飾った。マスクありとマスクなしを裏表にして。


コロナ禍のなかで梅雨が始まった。例年以上に鬱陶《うっとう》しく感じられる。このマスクの生活はいったいいつまで続くのだろう。街全体、日本全体が灰色の雨のなかに沈んでいた。

父ちゃんは毎日病院に行き、僕と弟もできるかぎり足を運んだ。仕事中は集中しているからいいのだが、終わったとたんに気が気ではない。同じような状況にある家族は、きっと誰もがこんな気持ちなのだと思う。番組の収録中は、スマホは電源を切ってマネージャーに預けている。本番が終わって、スマホの電源を入れるたび僕は緊張していた。そして、何も連絡が入っていないと、ほっとした。

7月の半ば頃になっても梅雨は明けなかった。どんよりとした曇りの日、父ちゃんから3人のグループにＬＩＮＥがあった。

『久仁子が、どうしても72歳の誕生日をうちで祝いたいと言っている。できるものなら叶えてやりたいが、先生が何というか』

すぐに電話をかけた。

「入院したとき、聞いたよ。でも退院は……できないんだよね？」

「難しいと思う。歩けんし」

「具合は？」

「良くないなぁ。痛みもしんどそうで、見てられんわ」

だけど、母ちゃんから届くＬＩＮＥは元気いっぱいだった。否、元気を装ってくれていた。逆に僕たちを励ますことばかりが書いてある。

「……」

「あつしのところの、ふたりめの孫を抱っこしたいと言ってる。どうしてもって。病院だとコロナで会えんから。ちょうど自分の誕生日がくるし、この日に一時退院だって言い張っている」

「あと1ヵ月か……それが母ちゃんの最期の望みなら、俺は叶えてやりたい」

「赤ん坊、連れて来て大丈夫か。長旅だし、コロナ禍だし」

「それは大丈夫じゃないかな。香那もいいよって言うと思う。俺も会わせておきたいんだ」

「もし一時退院できるんなら、1階の座敷を急いでフローリングにしようかと思うよ。介護用のベッドを入れたり、車椅子も使えるようにせんと」

「そうだよね」

そうか、父ちゃんの心のなかでは、もう家に迎える準備があるんだ。

「工事、どのくらいの時間がかかるのかな」

「工務店に聞いてみんとわからん。それじゃ、誕生日はいいんだな」

「うん、行くよ。皆で」

「久仁子、喜ぶよ。元気そうには見せとる」

「うん、わかる」

新しい孫を抱くことが、今、母ちゃんの気力を支えているのだとわかった。きっと最後の力を振りしぼってでも会いたいだろうし、長年暮らした家に帰りたいのだろう。

僕は次第に、死なないでほしい、ではなく、ともかく苦しまないで逝ってほしいと願うようになっていた。

「先生は往診に来てくれるの？」

「来てくれるそうだ。ホームヘルパーさんもお願いしたよ」

「そうか。それなら心配ないね」


それから1週間ほどして、また実家に帰った。そのとき父ちゃんから、渡された書類があった。

「これな、久仁子が決めた、葬式のことなんかが全部、書いてある。渡すから読んでおいてくれるか」

「葬式のこと……？」

「ああ」

「飛鳥《あすか》会館？」

「久仁子が、その斎場を決めていた。もう申し込んだって」

「自分で葬式を申し込んだの？」

葬儀場の名前が書かれたA4サイズの封を開けると、葬儀一式の見積書など書類の束と、薄いノートが出てきた。〈終活ノート　私の履歴書〉とある。

母ちゃん、何やってんだよ……。

そのノートは、逝く人が、残る人に伝えておきたいことを書き込むようになっている。

「こんなものまで用意していたんだね」

「5年前に『尊厳死』の宣言をしていただろう。あのときにもう久仁子はすべてを決めていたんだな。日付を見るとわかるよ」

「延命しないでくれっていうのは、ずいぶん昔から言っていたよね。すごく昔から……僕が20歳の頃から言われていた気がする」

「うん。僕も記憶がある。その頃から言ってたよ」と、弟も言う。

思えば田村家は、「死」について、わりあいよく話す家だったと思う。やはり母ちゃんが医療関係者だったからだろうか。何人もを見送って、母ちゃんなりの死生観のようなものがあったのかもしれない。人はいつか死ぬ。それをたえず認識して生きているような、うやむやにしない人だった。

夕方、病院に行った。

ロビーにはまだたくさんの人たちが往き来していた。老人も若者も、子どもも……。

ひとりひとりが何かしら体の不調を抱えているのだろう。昔、母ちゃんに連れられて、祖父ちゃんと祖母ちゃんのお見舞いに来たことを思い出していた。死ぬってどういうことなんだ？　と僕はあのとき母ちゃんに訊いた。いずれわかるよ……と頭を撫でてもらった気がする。

病室に入ろうとして、母ちゃんが写真立てを手にして、じっと見ている様子が目に入った。僕は一瞬入ることをためらった。窓から夕暮れの陽が射していた。

東京に戻って、父ちゃんから受け取った書類を確認しながら、次女を寝かしつけた香那に一部始終を話した。来月、一緒に下関まで会いに行ってくれるかと訊くと、もちろん、とすぐに承諾してくれた。

「お母さん、断捨離《だんしゃり》も始めてたんだよ」

「断捨離？」

「家のなかのものを。洋服とか、バッグとか、本とか。いろいろ捨てていたから、多分もう、お母さんの箪笥《たんす》のなか、空っぽだと思う」

「全然、気づかんかった」

「お母さん、すごい人だよ。あとね、お葬式のときに痩せちゃった自分を見せるのは嫌だから、近所の人は来させないで。絶対に棺桶のなかの私を他人に見せないで。写真も撮らないでねって頼まれちゃった。あと、お花。棺桶に入ったときに、私の顔の周りにお花を置かないでねって。鼻がムズムズするから嫌だって」

「死んでも鼻がムズムズするって、何だよそれ？」

「発想が面白過ぎるよね。あと、生まれ変わったらクラゲになりたいって言っていたよ。山形の水族館のクラゲになりたいんだって……いつか、山形に行かなくちゃね」

そう言って、涙目で微笑みながら香那は台所に立った。

「お母さんから送っていただいていたお味噌ね、もうじき終わっちゃうじゃない。でね、お味噌の作り方のレシピももらってるんだ」

「え？　じゃ、母ちゃんの味噌汁がずっと飲めるってことか」

「私がうまく作れたらだけどね」

エプロンで手を拭きつつ、棚の引き出しから一枚の紙を取り出して見せてくれた。母ちゃんの字だ。音符のイラストが描いてある。

〈♪ 麦ミソの作り方（5kg）〉

用意する物　圧力ガマ
　　　　　　7kgぐらい入るタッパ
　　　　　　ポテトをつぶす物
　　　　　　まぜる大きな用器　2コ

材　料　大豆5カップ
　　　　塩400g
　　　　麦こうじ1・5枚
　　　　湯さまし　ヤカンにいっぱい

作り方　1　前の晩からしっかり大豆を水につけて置く
　　　　2　圧力ガマに、ヒタヒタの水で大豆を炊く
　　　　3　出来上がったら、大豆を用器に入れて、よくつぶして冷まして置く

4　麦こうじと塩をよく混ぜてください

5　つぶして、さました大豆と麦こうじを混ぜながら、湯さましを少しずつ入れながら、耳タブよりやわらかく入れてください（冬は湯さまし多めに、夏は少なめに）

6　混ざった物を、丸めながらタッパの角からつめてください。その上に少し塩をふってください。サランラップをピッタリとかぶせてください

「うまく作れないと、困るなあ」と母ちゃんの字を目で追いながら、香那が呟く。「世界でひとつの味だもの」

8月に入り、ようやく長かった梅雨が開けた。夏の陽射しが戻ってきた。そういえば母ちゃんは毎年初夏に梅の実をたくさん買ってきて、焼酎で梅酒を作っていたっけ。今年は作れなくて悔しかっただろうな……。

『もう、もたんかもしれない』と、父ちゃんからＬＩＮＥがきた。すぐに電話をする。

「久仁子、頑固だよ。先生に痛いって言うと、退院許可が下りないかもしれんと思って、どうやら痛みをこらえているみたいだ」

「我慢していたら、よけいに悪くなるのに」

そこまでして家に帰りたい、孫に会いたいのかと思うと、祈るような気持ちになった。

そして誕生日の1週間前。どうにかして母ちゃんは退院して来た。8月10日の誕生日、僕たちは朝早く東京から家族を連れて帰省した。生後2ヵ月の次女は、ほとんどぐずることなく、香那の腕に抱かれていた。


チリリンと軒下の風鈴が揺れる。

ただいま！　と靴を脱いだ。そのあとに妻と娘が続く。おお、よう来たな、父ちゃんが玄関までやって来る。

「おかえり」

母ちゃんの声が奥から聞こえる。

消え入りそうな小さな声だったが、僕は安堵し、緊張していた自分に気がつく。大丈夫。間に合ったのだ。

「お母さん、この子にミルクあげてくれますか」

香那は、抱っこしていた次女を、横になっている母ちゃんにそうっと抱かせた。

母ちゃんはうんうんと頷いて、次女を抱くと、哺乳瓶《ほにゅうびん》を傾けミルクをあげてくれた。

母ちゃんは、一生懸命くちびるを動かしてミルクを吸う次女を見つめながら、泣いたような、笑ったような顔をした。その顔を見たとき、会わせてあげられてよかったと心底思った。我が家にやってきた新しい命を、あなたの血を分けた新しい孫を、あなたは今、その手で抱いている。「可愛いねぇ、可愛いねぇ」とまだふわふわした髪の頭を撫で、「ろろろろろ……」と、あやすような声を出した。そうか、こんなふうに僕もあやされたのかな。長女も寄って来て「ばあば、おたんじょうび、おめでとう」と、クレヨンで描かれたばあばの似顔絵を渡した。

僕はふと我にかえって、母ちゃんと胸に抱かれている次女の写真や、動画を撮った。父ちゃんもその様子をしみじみと眺め、うれしそうにした。


東京に戻らねばならない時間が迫っていた。

「じゃあ、そろそろ行くよ」

母ちゃんは、落ちくぼんだ目を見開いて僕の顔を穴があくほど見つめた。僕はその骨ばった手を握りしめた。この手で僕を育ててくれた。この手で撫でられ、この手で叩かれ、この手があったから僕は大人になれたのだ。これ以上強く握ったら、折れそうで怖かった。

「じゃあね」


家の前にはもう、タクシーが待っていて、妻と娘たちは先に車に乗っていた。

「お待たせ」と明るく言いながら、後部座席に乗り込んだ。妻が静かに僕の顔を見る。

「もう、いいの？」

「何が？」

「もう全部言ってきた？　あなたの気持ち」

いや、まだだ。まだ、何か、言いたいことがある。言わなくちゃいけない。

「ごめん。もう一回行ってくる」

僕はタクシーの扉を開け、再び家のなかに飛び込んだ。

「母ちゃん！」

今度は、母ちゃんの体を強く抱きしめた。帰ったと思った息子が再び現れたので、母ちゃんは驚いて目を丸くした。そして、僕の背中を、弱い力ながら、ひっしと抱きしめ返した。

「からだ、気をつけるんよ」

「うん。母ちゃんも」

「ありがとうね。わかっとる。わかっとるよ」

「ありがとう。ありがとうね」

「ほら、あつし。飛行機、間に合わなくなる」

「うん」

「タクシー……待っとるよ」

「うん、わかっとる」

あのとき、母ちゃんを抱きしめていたのが、何秒だったか何分だったか、よく覚えていない。まるで重さを感じないその体を、僕はそっとベッドに戻した。母ちゃんは、笑っていた。

「気をつけるんよ」

「うん、じゃ、行って来ます！」


ふだんはＬＩＮＥでやりとりしている弟から電話があったのは、それから1週間後の8月18日のことだった。すでに覚悟していたので着信音が鳴ったときにはいよいよか、と思った。

「今、僕と父ちゃんで病室にいる。もう最期だ。母ちゃんに聞こえるか聞こえないか、わからんけど、兄貴、これが最期だ。声をかけてやってくれ」

　僕は目を閉じた。何を言おう、何から言おう。

「もしもし……母ちゃん、聞こえる？　ありがとう。ありがとう。ありがとうな」

　他に、何が言えただろう。

「きっと聞こえた。また連絡するね」

　張り詰めた弟の声とともに、プツッと通話が切れた。

　そして10分後、また電話がかかってきた。覚悟した。

「あのな、また呼吸が戻ったみたいだ」

「ホントか」

「感動的なお別れをしたところを、ごめんな」

「なんでおまえが謝るんだよ？」

　僕は少し笑った。

「そや、そやな」

　弟は泣いていた。

「母ちゃん、まだ頑張ってるけ、また連絡するよ」

「わかった。頼むな」

「父ちゃんもつきっきりでな、シャワーも浴びとらんけ、ちょっと行かせるわ」

「そうだな」

だがそれからまもなくして、逝ってしまったと連絡があった。

病院のシャワー室に父ちゃんが行った頃合いを見計らって、母ちゃんは旅立った。父ちゃんが泣くところを見たくなかったのかもしれない。だから、最期を看取ってくれたのは弟だけだった。

僕は時計を見た。午後6時——外はまだ明るかった。僕は仕事先の建物の窓から、東京の夏の空を眺めた。今日も猛暑だった。ビルの上に飛行機雲が見える。もうしばらくすると赤紫色に暮れ始め、ビル群に灯りがともり始めるだろう。


通夜と告別式は、母ちゃんの希望した通り、下関の飛鳥会館で行った。

香那が言っていた通り、母ちゃんの洋服箪笥には、下着一枚残っていなかったという。

7月の後半に帰ったときに渡された〈終活ノート〉を、あれからじっくり読んだ。母ちゃんは、自分の最期を見事なまでに決めていた。数ページにわたるノートには、亡くなったあとの手続き全般の一覧表があった。

かかりつけの医院のいくつか、加入している保険会社と、証書の置き場所、水道や電気、プロパンガスの契約番号や、連絡先、新聞販売店の番号……など、こまかく書いてある。

〈介護・告知について〉

病名、余命の告知を希望します

〈お葬式について〉

葬儀仕様については、ささやかに内輪だけでやってほしい

〈具体的な内容〉

1　エコ棺で、いちばん質素な内容でお願いします

2　死後の顔は誰にも見せたくないので断ってください

3　御佛前、御香典、生花など受け取らない事を守ってください

〈棺の中に一緒に納めてほしい品物の希望〉

『東京タワー　オカンとボクと、時々、オトン』

『神様のカルテ』

樹木希林

……『東京タワー』は、福岡の炭鉱町で育った、リリー・フランキーさんの自伝だ。リリーさんと父母のことが書かれていて、映画にもなった。お母さんを思うリリーさんの心が、うんと温かくて胸を打つ本だった。母ちゃんはきっと、どこか自分の姿と重ねていたんだろうと思う。

実在する若い医師が書いた小説、『神様のカルテ』には、医師という仕事やその葛藤が描かれている。医療の現場にいた母ちゃんには何か感じたことがあったのだろう。この小説も櫻井翔さんが演じて映画になっていた。

3番目の樹木希林と書かれているのは、おそらくこれも、樹木さんの書いた本のことを言っているのだろう。樹木希林さんも、がんとの闘病を続けて、2018年（平成30年）に亡くなっている。父ちゃんに書棚を探してもらうと、『一切なりゆき』という樹木さんの本があったということで、これもお棺に入れた。

そして母ちゃんは、僕の書いた本『日本人失格』も入れてほしいと書き残していた。本を書いたときには何も言っていなかったのに、ひそかに買って読んでいてくれたのだと、うれしかった。あの本には、僕なりに掴んできた仕事論や、生き方を書いた。母ちゃんはその指針となってくれた人だ。

〈その他の希望〉

今、私は意識を失っているか、呼びかけに少し反応するだけだと思っています。すでに自力では呼吸もほとんど出来ないかもしれません。このまま楽に苦しまず、希望します。輸血、人工透析、気管切開、胃ろうなど含め、延命のための治療はしないでください。もし私が苦痛を感じているなら、モルヒネなどの痛みをやわらげるケアは、有難くお受けします。

……この片面のページの〈仏壇・お墓について〉という項目は、母ちゃんはなんと、絵を描いて説明していた。供物に果物、和菓子とあり、夫のときは「さつま白波《しらなみ》」を、と書いてある。父ちゃんの好きな芋焼酎の銘柄だ。自分が先と知りながら、父ちゃんが逝くときのことまで心配していたのだ。両脇の花差しの花まで指定してあった。母ちゃんの好きな百合と、トルコ桔梗《ききょう》とある。

〈私からのメッセージ〉の記入欄の日付は、平成29年5月4日となっている。
がんが見つかった翌年の春には、もう死の準備を始めていたことになる。飛鳥会館という斎場を決めた理由はわからないが、母ちゃんのことだから、ちゃんと下見に行ったのだろう、会場は2階ホールというところにレ点が入っていた。

そして、最後には、思い出を綴《つづ》るページがあった。

1　毎年、夏休み　お父さんのふる里五島列島へ、親子4人で軽自動車で、長崎港から3時間のフェリーで帰っていた頃、お墓の前にたくさんの提灯を飾って花火をして供養した事
2　親子4人で別府の杉乃井ホテルに泊まった事
3　平成30年7月　淳の新築祝いで田村家一同揃って過ごす事にして、屋形船でのにぎやかで、良き思い出が一生の宝になりました
4　令和2年6月　淳にふたりめの子が誕生して、（弟の子ども合わせて）5人のジイジ、バアバになりました。
5　お姉ちゃん、妹の〇〇といつまでも仲よくネ

追記

孫たちへ。たくさんの思い出、ありがとう。お手紙、宝物です

２０２０年、令和2年6月12日　淳とひろし、ふたりで急に見舞いに来てくれて、親子４人、30年分の美味しい食事して、良く食べました。幼い頃の思い出にもりあがって、父、母、最高の思い出が出来た事、ふたりの息子に感謝でいっぱいです。

〈遺言〉

残す言葉

淳　ひろし

たくさんの色々な事を体験しました。

お父さん、お母さんを成長させてくれました。

可愛い孫ちゃん達との出会い

数えきれない良き想い出　ありがとう

香那さん　　淳のお嫁さんになってくれてありがとう

○○さん　ひろしのお嫁さんになってくれてありがとう。感謝でいっぱいです

母ちゃんが決めた斎場の2階の部屋は、こぢんまりしていた。通夜には父ちゃんと僕ら兄弟の3人しかいなかった。コロナのために、参列はご遠慮いただきたいと伝えていたからだ。小さめの祭壇に蝋燭《ろうそく》が灯っている。棺に眠る、もう何も言わなくなった母ちゃんの顔をそっと見ながら、僕と弟は話をした。

「誰にも世話されたくないって言ってたよな」

「言ってた」

「けっこう昔から言ってたよな」

「そうだったね」

「だから極力、入院期間とか、病んでいる時期を短くしようとして……逝ったんだよな」

「そう思う」

「すごいな、母ちゃん」

「すごいよ。一時退院のときも、母ちゃんは誕生日を祝いたいという名目で、本当は最後の断捨離をしたかったんだ。ベッドの上で、それは捨てろとか、これはお嫁さんたちにあげて、とかい

ろいろ指示を出していてさ。昔を思い出したよ」

「それが父ちゃんへの恩返しだったんだろうな。父ちゃんが、少しでも困らないようにって」

母ちゃんは、納骨してもらう寺まですべて決めていた。「誰も参ることができないお墓を持つくらいなら、なくてもいい」と話していた。それは僕も同感だ。

だから自分で納骨堂を探してきた。書類を見ると、２０１８年に自分で購入している。寺の名までは知らなかったが、「私のお墓に、父ちゃんが一緒に入ることになったら、納骨堂からそれを出して、父ちゃんと自分の骨を、一緒に散骨してほしい」とも。

散骨というものについて話したのも、そのときが初めてだった。最近は樹木葬とか、散骨葬とか、お墓のことも多様になっているから、母ちゃんもそういうことを考えたのだろう。

「撒《ま》いてもらうなら、下関の海がええな」

と、母ちゃんは言っていた。

「五島じゃなくて、あんたたちを生んで育てた彦島、下関の海が、いちばんやけ」

お寺の住職の名刺も、ノートに貼りつけてあった。「吉本」という苗字の住職さんである。偶然だろうけれど少しだけうれしい気分になった。

「なぜこのお寺なん?」

父ちゃんに訊ねたときの答えが可笑《おか》しかった。

「詳しいことはわからんけど、久仁子は住職の声が素敵だとゆうてた。あの声でお経をあげてほしいなあって」

やっぱり母ちゃんらしい。明日は、この方がお経をあげてくれる。


「もっと、長生きすると思ってたよ」

祭壇の写真を眺めながら弟に言った。

「俺も。元気だったもんな。あんなに元気だったもんな」

子どもは、親が絶対に長生きすると勝手に思っているようなところがある。僕らもそうだった。だが、そんなものでもない。予期せぬことはいくらでも起こる。現に、母ちゃんががんを患ったと知ったときも突然すぎて、起こったことをすぐには受け止められなかった。

まだ当然のように元気だと思っているから、1年に数回、会えればいいと思っていた。ケンカばかりしてちっとも親孝行できなかった。

翌日の告別式に来てくれたのは12人。母ちゃんは人付き合いが良く情の深い人だったから、列席したいと言ってくださる人たちは多かったが、母ちゃん自ら12人と決めていた。さらに、仕出し弁当の予約までしていたのである。松竹梅のうち、「竹」だった。見栄を張って松にすることはないけんね、という、母ちゃんの声が聞こえてきそうだった。

遺影は母ちゃんのウエディングドレス姿だった。結婚式のときにはドレスを着られなかったからと、50代のときに、写真館で撮ったものだという。遺影がウエディングドレスとは、まったく母ちゃんらしい。でも、花嫁姿、きれいだった。

母ちゃんの棺に希望の本が納められた。

そして、普通なら切り花でぐるりとご遺体を囲むものである。だが、香那が以前言っていた通り、母ちゃんは「花は足もとだけにしてほしい」と書いていた。

「花の代わりに、家族の思い出の写真を入れてください」

父ちゃんに、アルバムの写真のスキャンを頼んでいたのは、このためだった。母ちゃんが、アルバムから選んだという写真が、ビニール袋にどっさり入っていた。僕たちの子ども時代から、〈写ルンです〉で撮った色褪《いろあ》せた写真、ハワイでの結婚式の写真、つい最近までの家族写真が、年代別に分けられている。

参列者全員で、一枚、また一枚と母ちゃんの周りに写真を入れていく。

写真の他にも、子どもの頃、母の日に送った〈母ちゃんの通知票〉や似顔絵、僕が吉本興業で貰った初給料袋まであった。黄ばんでいる。わずか４５０円の給料をそのまま送ったものだ。なかの小銭も、そのままだった。

「俺たち、考えたら何も葬式の準備してないよ。母ちゃんが全部やっといてくれたから……」

「いっつもそうだ。先回りして、家族のことを守ってくれていたよな」

色とりどりの写真に囲まれ、田村久仁子の72年の人生が浮かび上がって、永遠になっていく。父ちゃんは泣きじゃくっていた。そんな父ちゃんを見たのは初めてだった。父ちゃんを見て、僕も泣いた。弟も同じだ。

最後に入れた写真は、病室に飾っていた写真だった。下関の天ぷら屋さんで4人で撮ったものだ。母ちゃんが、「いちばん最後にこの写真を入れてほしい」と、父ちゃんに伝えていたのだ。父ちゃんは泣きながらその写真をそっと入れ、お棺は閉じられた。

もう一度、ありがとうと呟いた。あなたの子どもにしてくれて、ありがとうと。


通夜と出棺のときの音楽さえも母ちゃんは決めていた。

通夜は、ポール・モーリアの「オリーブの首飾り」。マジックショーでよくかかる曲。

出棺は、ベイ・シティ・ローラーズの「サタデー・ナイト」。ディスコで昔かかっていた曲。

どちらもありえない選曲だ。なんと「死」に似合わない曲だろう！


一番泣きたいところで、俺たちは笑ってしまった。

最終章
母ちゃんのフラフープ

母ちゃんが逝ってしばらくが経ち、僕たち兄弟は再び実家に集まった。そしてその夜、ごはんを食べ終えてから、3人で母ちゃんの遺してくれた音声を聞いた。父ちゃんが、母ちゃんの声をスマホに録音して、僕と弟に送ってくれていたものだった。録ったのは、亡くなる1週間ほど前だ。なぜ録音したのかは少し説明がいる。

僕は2017年（平成29年）の6月から、芸能活動とは別に、〈遺書〉を動画で伝えるサービスをプロデュースする仕事を始めていた。人が亡くなる前に、自分の逝き方について、思いを書き遺《のこ》しておくことが、遺された家族や、あるいは大切な友人らにとって、良いものとなればいいなと思って始めたのである。

きっかけは、あるテレビ番組だった。青森県・恐山《おそれざん》のイタコを取り上げていた。若い人たちは知らないかもしれないが、イタコとは、主に東北地方で昔から知られる、死者の魂と交霊をして、言葉を伝えてくる（口寄せという）人たちのことだ。そういう特殊な霊力のある人たちはいるのかもしれないが、僕は科学的根拠のないことにはずっと懐疑的だったし、このときも、さほど真剣に観ていたわけではない。

だが、急に、あれ？　と気持ちが切り替わった。その番組では、数年前に亡くなったある有名女優の弟さんが、姉の気持ちを知りたいと、イタコを通して聞くという企画をやっていた。「今、幸せ？」と聞くとイタコは答える。「今は幸せ」と。きっとこの番組に、疑問を抱いた視聴者も多くいたはずだ。しかし、イタコを通して降りてきた（らしい）言葉によって、当の弟さんは、なんともほっとした表情をしたのだ。

その女優さんは、自宅でひとりで死を迎えたらしく、弟さんは残された者としてずっともやもやした不安を抱えていたようだ。でもイタコの口から伝えられた、ふたりしか知り得ないという事実があって、聞いた途端にこれまでの胸のつかえが、スッと取れたように見えた。背負っていた苦しみから、きっと救われたのだろう。

イタコの科学的根拠はひとまず置いておいて、このご家族の気持ちが軽くなったことは、事実だ。やはり、人は旅立つ前に、遺される人へ気持ちを伝えていったほうがいい。

伝えておいたほうが心残りはなくなるし、遺された者も、心がやすらぐのではないか。それで思いついたのが、この〈遺言〉動画サービスである。

だから、プロジェクト名を〈イタコト（ＩＴＡＫＯＴＯ）〉としてみた。イタコから始まったこともあるけれど、自分が「いたこと」を残すという意味もかけている。

この世に確かに自分がいたこと、そして残される人たちに伝えたいことをつなげたい。

死ぬということは、誰にとっても怖いし不安なものだ。生まれたかぎりは、いつか死ぬということがわかっていても、日常では遠ざけたいし、ほとんどの人は目を背けていたいと思う。でも僕の場合は、母ちゃんから命について意見を聞かされていたことで、その受け止め方は現実的だったし、治療が必要になって医師から決断を迫られたときに、悩むことなく「いらないです」と結論が出せた。母ちゃんの意思を尊重できた。

しかし、実際のところは親から「延命治療をしないで」と言われても、どう判断したらいいのか迷う人がほとんどだと思う。延命治療をすればまだ生きられるかもしれないのに、親族が断ってしまうことが果たして良いことなのか、罪の意識が生まれてしまうかもしれない。

だからこそ、生きているうちに次の世代に言葉を遺すという重要性があるのでは、と思う。それには元気で思考がはっきりしているうちに遺しておく必要がある。メッセージをきちんと遺して気持ちを紡《つむ》いでおけば、今生きている人の心の支えになるはず。法的な堅苦しいものではなくて、もっと家族にまっすぐに伝わるものはないだろうかとずっと考えていて、この企画を始めたいと思ったのだ。

きっかけは今述べた通りだが、僕がこのプロジェクトをどうしてもやりたいと思ったいちばんの理由は、このときにもう母ちゃんが、がんになっていたことが大きい。生きること、死ぬことが、僕のなかで日に日に切実なものになっていた。

そしていろいろと考えながら、書き遺すことも大切だけれど、「動画」で伝えることが、いちばんわかりやすいし、観る人の心に入っていくのではないかと気づいたのである。なんで21世紀になって20年も経ち、〈つくば科学万博〉が描いた未来よりも先の時代を生きているのに、そういうサービスがないのだろう？　ならば自分で作るしかないんじゃないか……それで母ちゃんに、今自分が考えていることについて話してみた。

母ちゃんは、僕が若い頃から、「私の延命はしないでね」と話していた人で、看護師として病院で命と向き合ってきた人だから、僕の考えていることがわかってもらえるのではと思ったのだ。

「動画なんて、恥ずかしいっちゃ」

母ちゃんは電話口で照れた。

「写真を撮るのと同じだよ」

「ふうん、何を喋ればええの？」

「思いつくままでいいんだよ。自分の言葉でさ、父ちゃんに撮ってもらえばいい。携帯で簡単に動画が撮れるし、ＬＩＮＥで送れるからさ、一回、撮って僕に送ってみてくれない？」

母ちゃんは、恥ずかしいなあと言いながらも、協力的だった。始めたいことの主旨を理解してくれた。

「それで息子の役に立てるなら、やってみるかね」

やがて動画が送られてきた。２０１９年12月25日、クリスマスの日だった。


さっそくスマホで動画を開いて観て、びっくりした。そして思わず、噴き出した。

なんと、母ちゃんはフラフープを廻していたのである。母ちゃんが、フラフープができることも、初めて知った。うしろ向きで顔は映っていないが、細い体で一生懸命にぐるぐる廻している。ぐるぐるぐるぐる。回数を父ちゃんが数えている。動画は30秒近く。なんと１００回を超えた！とても、がん闘病している人とは思えない。

フラフープは、僕の長女を連れて遊びに行ったときに、母ちゃんが買って来たものだった。だけど、幼児が遊ぶには輪が大きすぎて、そのまま置いてあったのだ。母ちゃんが子どもだった頃、日本ではフラフープが流行って、子どもたちは皆、夢中で遊んだと聞いた。それが、70歳を過ぎても、こんなに上手に廻せるのか。

僕は、もっとかしこまったものが送られてくると思っていた。だが、母ちゃんはむしろ、「かしこまったら自分らしくない」と思ったという。さすがだ。また僕の予想を超えてきた、と思った。母ちゃんのフラフープ動画には、教えられたことがたくさんあった。

既存の遺書の固定観念はなくていい、ということ。言葉できっちりと伝えよう、良い言葉を残そうと考えがちだけれど、そうでなくてもいいのだ。その人らしさが出ていれば、もっともっと自由であっていい。写真も具体的でいいけれど、動画は、動くだけにその人がまるごと残る。知っている姿が見られる。顔も体も表情も、声も、喋りのくせも、仕草も……。そして、息遣いすらも。生きている「とき」がそのまま映し出されるから、さながらドキュメント・フィルムみたいだ。

「動画はもう、これだけよ」

と、そのあと送られてくることはなかったが、僕にとってはかけがえのない宝物になった。

もうひとつ、このプロジェクトを立ち上げた理由は、自分が親になったからである。

子どもを授かって初めて知った感情がたくさんあった。自分がどう生きてきて、何を考えてきたのかを子どもに伝えたいと思った。

それに僕自身、この先、身の上に何が起こるかもわからない……。僕の好きな戦国時代であれば、この年齢まで生きていることのほうが奇跡だったはずだ。だから、妻や娘にメッセージを遺すことは決して早すぎることではないと考えた。自分自身も気持ちが落ち着く。

しかも毎年、書き換えてもよいのではないかと気づいた。たとえば、1年ごとに更新しておけば、いろいろと気持ちが変わっているのもわかるし、普遍的な想いにも気がつくはずだ。それは、読む側にとっても興味深く、この頃に何かあったのかなとも推測もできるし、ますますその人を偲《しの》ぶことができるような気がしたのだ。世界がコロナ禍に襲われたこの1年間だけでも、人の死生観は大きく変わっているだろう。

いつか娘たちが成長して、僕が毎年撮り続けた動画を見るたびに、「なぜパパはこの年、こんなことを言ったのかな」と想像を巡らせてくれたり、人生の問題に直面したときに、僕の遺した言葉が力になれるかも、という思いもある。それは日記とも違う、手紙とももまた違う意味も持つのではないか。つまり一方的な発信ではなく、メッセージを遺して逝く人も、受け取る人も、相互に良い連鎖を生んでいくものではないかと。さらに言えば、死を悲しいものとばかり捉《とら》えないで、何かもっと、前向きな気持ちになれるのではないかという期待もある。死を考えることは、生きることだと母ちゃんが僕に、身をもって伝えてくれたように。

まずは自分からやってみよう――。そう思い、動画を撮る前に香那と娘たちに向けて、想いつくままに書き出すことから始めた。僕が遺せる言葉を花束のようにして。

・誰とも競わない、他人のせいにしない、自分の軸をしっかりと持つ。
・情報は疑いつつも、人を信じて生きる。
・伝統を軽視するつもりはないけど、命より優先される伝統なんてなくなっても構わないと思う。
・他人の意見で答えを出さず、自分が思考して答えを出そう。
・他人のことをとやかく言う人は自分のために使う時間が少ない……。
・決められたことを守れない人、決められたことしかできない人、どちらにもなりたくない……。
・「ダメだ」「無理だ」「できない」この言葉を口に出すと、脳はそう思い込むらしいよ。
・嫌なことを忘れたいときは、新しいことをどんどんやろう。
・自分らしさをまずは自分が知ろう。自分に嘘をつかないで、まずは自分を分析しよう。
・行動しなけりゃ後悔する。行動すればリスクを伴う。リスクを取って動け！

3回書き直した。ほとんどが夜半、家族が寝たあとにスマホに向き合った。この時点ではまだ〈遺言〉というよりは、自分の生き方を綴ったようなものだったが、その後も暇を見つけたらメモをするようになっていた。書いているうちに発見と収穫があった。ひとつは自分自身、あとどのくらいの時間があるのかを、以前よりもずっと考えるようになったことだ。僕は今日もなんとか生きていて、明日も生きているだろう。命のあるうちはただ懸命に生きていたい。そう強く思った。

さらに、本当に自分にとって大切なこと、必要なこと、必要ではないことなどが、明確に色濃くわかってきたことだった。遺書を書くという行為は、こんなにも深いものだと知った。

そして同時に、「動画」で撮っておくことの重要性にも気がついた。何よりも真実味が違う。「本人」が遺したものかどうかが、一目瞭然《いちもくりょうぜん》である。文字だけでは伝わらない体温がある。直接に、肌感覚で伝わってくる真実。

母ちゃんのフラフープの動画は、それを見事に物語ってくれた。

以来、自分の誕生日がくるごとに僕も「動画」を撮るようになった。こうした取り組みが広がれば、大切な人を失くしたときの「悔《くい》」は、少なくなっていくだろう。

さて、この章の冒頭で述べた母ちゃんの「音声」とは、フラフープ動画とは別である。その後、死期がいよいよ近づいたとき、音声が送られてきたのだ。フラフープを元気に廻していた日から、8ヵ月後のこと、僕ら一家が実家でお別れをしたあとのことである。

「声で送るね。声で遺すね」

と、痛みをこらえた弱々しい声で電話をしてきてくれた。そこで父ちゃんが電話を代わった。

「もう無理して喋らんでもええと言ったんだけどな、久仁子が『いや、あつしに遺したい』ってきかんもんだから」

録ってからすぐに父ちゃんはその音声をＬＩＮＥで送ってくれたのだが、僕と弟はすぐには聞かないと決めた。もう奇跡でも起こらないかぎり、逝くことがわかっていたし、一度は覚悟の別れをしたから、そのあとに聞こうとふたりで決めたのである。

それもお葬式のすぐあとではなく、しばらくして落ち着いて、家族で過ごす時間があったときに聞こうと決めた。式だけでも堪えながら精一杯になっているところに、母ちゃんの声を聞いたら、もう気持ちが崩壊してしまう、到底、受け止められないと思っていた。

それからしばらく経って、僕と弟は再び実家に集まった。母ちゃんがいなくなった家は、やけにガランとしてしまった気がした。

男3人で台所に立った。スーパーで買ってきた惣菜を並べようとして、あの皿はどこだ、これはどこだとうろうろする。食器棚に置かれた食器が、子どもの頃から使っていたもののままだったということを、初めて知った。

「これ、カレーを盛った皿だよね」

「そうそう。あまり辛くないカレー。あつしが辛いの、苦手だったからな」

「これはよく肉じゃがを盛ってたね」

「あ、これってマーボー豆腐の皿じゃん」

あれやこれやと手にして懐かしかった。豪華な皿など一枚もない。普段使いにする食器を、母ちゃんが瀬戸物屋さんから買ってきたものばかりだ。しかも、新しいものは何も買い足されていなかった。母ちゃんはものを大切にしてきた人だった。ものと思い出とを。子どもたちが家から出て行っても、これらの器はずっとこの食器棚にあったのだ。

父ちゃんは背中を丸めて、慣れない手つきでキュウリの漬物を切った。

その夜、父ちゃんと僕と弟は車座になって、スマホの動画再生のボタンを押した。耳を澄ます。

母ちゃんの息遣いが聞こえてきた。


——昭和23年、8月10日生まれで、いま72になりました。

……あつし、ひろし、田村家に授かって、大笑いしたり、大泣きしたり、大げんかしたりしました。その日々のなかでの、別府の旅の杉乃井ホテルでは、微笑ましい思い出になっています。毎年、五島のお墓参りに行っていたことは、ご先祖様もきっと喜んでくれたことでしょう。

ふたりから、父さん、母さん、いろいろと勉強させられました。ありがとう。親孝行もしてくれて、感謝でいっぱいです。可愛い孫ちゃん5人たち、夫婦の最高の宝物です。


母ちゃんのお骨を、僕ら兄弟は一かけらずつもらうことにした。

今、その小さなお骨は、母ちゃんの好きだったラベンダー色の小さな骨壺に入れて、我が家の書斎にある。ウエディング姿の遺影とともに置いている。弟も同じ色のものを購入して、自宅に持ち帰った。

僕は、子どもに仏壇を継がせようとは思っていない。思いが伝わりさえすれば形は何であってもいい。遺影の前で毎朝、おりんをチーンと鳴らして手を合わせる。いつのまにか長女も、見様見真似でするようになった。「ばあば、おはようございます」と声をかけて、何やらもごもごと報告したりしている。「死」というものを、まだ理解できない年齢だ。それでも、手を合わせることで、大好きだった祖母ちゃんとお話ができている。

不思議なもので、亡くなってしまった今のほうが、母ちゃんがなぜか身近にいる感じがする。毎日一瞬だけど、母ちゃんのことが思い浮かぶようになった。

ずっとしょげていた父ちゃんも、今は元気にひとりで暮らしている。

僕ら兄弟はほぼ毎日、父ちゃんに電話をしたり、ＬＩＮＥをしている。連絡し忘れた日は、母ちゃんの「父ちゃんに寂しい思いをさせんようにね。毎日、電話をしてあげてよ」という声が聞こえてくる。ちゃんとごはんを食べているかも心配だったので、食事の内容を、写真に撮って送ってもらうようにした。

母ちゃんを亡くした直後は、スーパーで弁当を買ったり、デリバリーを頼んでばかりだったが、栄養が偏《かたよ》るから自炊しろと言い続けたら、少しずつ台所に立つようになった。母ちゃんの味噌はなくなってしまったが、レシピを受け継いだ香那が送る日も近いだろう。

食事の写真を送ってくるのは３日に１回くらいだ。どうも上手くできたときだけだと気づいた。

それでも、最近はだんだんと上達してきたようで、魚は焦げていることもあるが、けっこう美味しそうなものが作れるようになっていている。サラダが毎食ついていて、感心する。キュウリの切り方が上手くなった。離れていても、ひとりにさせない。俺たちがついている。

そういう僕はといえば、この本の原稿とほぼ同時並行で、慶應義塾大学大学院メディアデザイン研究科の修士論文を２０２０年（令和２年）末に書き上げた。「死者との対話」をテーマに学んだ2年間であった。僕が「死」に興味を持ったのは、母ちゃんが日頃から「死」について話して聞かせてくれていたことが大きい。〈イタコト〉の実現化に向けて、死について、もっと多面的に学ぶ必要があると考えての入学だった。ネットでは、「淳は今さら学歴がほしいのか？」「金の力で合格したんだろ」なんて叩かれたりもしていたが、そんなわけがない。何かを始めるときに、とことん勉強しないと気が済まないだけだ。

論文のタイトルは、〈〝ＩＴＡＫＯＴＯ〟による遺書の新しい概念のデザイン〉。主旨は、〈動画を使っての遺言のすすめ〉である。

母ちゃんが亡くなった後、僕は使命のようにこの修士論文の執筆に着手した。

本書の巻末に、この論文の第1章と第3章を掲載することにしたので、興味がある人は、ぜひこの論文にも目を通してほしい。詳しくは巻末に譲るが、ＳＮＳを使って老若男女さまざまな人から遺言についてのイメージや死生観について話を伺うことができた。やりとりは、たとえばこんな感じである。

「両親や祖父母が亡くなっていくとき、〈遺言〉のように動画でメッセージを撮って、家族に送るっていう、サービスを始めようと思っているんです。〈イタコト〉っていうんですけど、あなたは、こういうサービスを使いたいですか」

「イタコト？」

「あなたが、〈いたこと〉、〈生きていたということ〉という意味です」

「ああ、そういうこと。動画であれば使いたいですね」という人が９割に上った。

「死んでしまったら終わりでなく、メッセージが残るのってすごくいいですね！」

思っていたよりもいい反応が多く返ってきて、驚いた。

死というものに対して、もっとネガティブな感情を抱いている人たちが多いのではと思っていたのだ。日本は、死について忌《い》み嫌うような、陰の印象がどこかある。ところが年配の人たちだけではなく、若い世代の反応も良かった。動画世代だから、すんなり受け入れてくれたのかもしれないが、社会は確実に変わりつつあると肌で感じた。

急に泣き出してしまう女性もいた。親を失ったばかりの方だった。

「うちは……間に合わなかったけれど、そういうサービスがあったら、使いたかったです」と言ってくれた。

大切な人が亡くなる前にどんなことを考えていたかとか、伝えたかったとか、動画で見られるのはすごくいいことで、残る家族はなんだかほっとするという感想が多かった。うれしかったのは、死というものが怖くなくなるように感じる、という声があったことだ。

なかでも胸に響いたのは、やはり医師や看護師……医療に従事する人たちだった。圧倒的に死生観が違うのだ。回答から感じられたのは、人はいつか死ぬということを常に認識して生きているということ。それはいつも、死と向き合っている職場にいるからに他ならない。たとえば総合病院では、たえず去っていく命と、生まれてくる命が交差している。

母ちゃんも同じだった。だからがんになったときも、自分の死についてどうしていくのか、ちゃんと向き合っていたのだろう。

「自分の体には栄養を与えんといかんけど、がん細胞には与えたくないんよね」などと、客観的かつユーモラスに言う、そんな強さがあった。そして死後のことまできっちりと考えて逝った。

もうひとつ感動したのは、子育てで忙しくしている女性のケースだった。「書けてよかったです」

と言ってくれたので「子どもにメッセージが遺せてよかったということですか」と訊ねたら、こう話してくれた。

「いいえ、そうじゃないんです。ふたりの子どもの子育てと仕事とで疲れきっていて、子どもには、片付けなさい！　とか、つい怒鳴ってばかりいたんです。苦しかったです。でも、本気で、死ぬ気で遺書を書いてみたら、子どもたちが家を汚そうと、片付けをしなかろうと、もう元気でいてくれるだけで、それだけでいいと気がついたんです。そこから子どもへの向き合い方が変わりました。イライラがなくなって、子育てがラクになったんです。なんであんなにイライラしていたんだろうって思いました」

人は誰もが、明日も同じような日がやってくると思っている。僕も同じだ。けれど、当たり前になっているその日常が、「死」を意識すると変わるという体験は大きい。遺書を書くというのは、家族とあらためて向き合えるきっかけになることを、彼女のメッセージから受け取った。

〈イタコト〉の動画配信サービスを始めてから、亮さんにも動画で家族へのメッセージを遺してもらった。はじめは戸惑っていたが、「この世での心残りをなくしたい」という主旨に共感してくれた。奥さんと子ども3人に、まずは便箋《びんせん》に「遺書」を書いて、それをもとにスマホに向かってくれた。

亮さんは、録画の場所に都内の広い公園を選んだ。屋内を想定していた僕は、この発想は面白いなと思った。考えてみれば、体が動くうちは本人の好きな、気に入った場所でいいのだ。立ち合った公園は木立の緑が溢れかえり、気持ちのいい風が吹き抜けていた。

彼が動画を撮影しているところを遠くから僕は撮影していたので、話の内容まではもちろん聞こえていない。木々の葉ずれの音や、鳥の声がして、ヘリコプターまで飛んで来たが、そういう生の音が入っているのも、「ある日の田村亮」という感じで、意味があったと思う。遺書では伝えられないリアリティが、〈イタコト〉のいいところなのである。

収録後に亮さんに感想を聞くと「気持ちがスッキリした」と笑顔で答えてくれた。

「自分の思いを伝えようと、いっぱい書いたし、考えたけど、喋ってみたらけっこうシンプルなものになった。それに、自分の考えていることがよくわかったしな」

これが遺書を残すという行為の、もっとも重要なところだろう。相手へ伝えると同時に、自分の本当の気持ちを知ることができる。俺、こんなふうに思っていたのか……と必ずや、新たな発見があるのだ。撮影を終えたあとの和らいだ、ちょっとばかり無邪気に見える亮さんの表情が印象的だった。

動画を録るときは、何か質問をしてほしいという人もいれば、質問がないほうがいいという人もいる。それぞれが、いちばん馴染むスタイルで話してくれればそれでいいと思う。〈イタコト〉には何の決まりもないし、どうやったってそこには素の自分が映る。素だからこそ真実が映る。

そして僕自身、亮さんの動画を観たことにより、また亮さんのことを嫌いになれなくなってしまった。やっぱり、ロンドンブーツ1号2号は、出会うべくして出会ったのだ。

読者の皆さんもご存じの通り、亮さんは2019年（平成31年）のはじめに、ある問題で謹慎《きんしん》となったけれど、そのあいだに僕は一緒に〈LONDONBOOTS〉という会社を設立した。あくまでも吉本興業に所属しながらの活動だが、これからも彼と僕はずっと相棒としてやっていくだろう。

2019年1月30日に、ロンブーは、亮さん復帰と会社立ち上げをお知らせするための記者会見を開いた。僕は久しぶりに、髪を赤く染めた。

翌日、母ちゃんからLINEが届いた。「また髪を赤くしたんか！」と怒られるのかと思ったが、そうではなかった。

亮さん、おめでとう。これからが、日々仕事、裏切ることなく、ふたりで、ロンドンブーツ1号2号を築いてほしいです。亮さんには、本当にお世話になり、感謝してます。今まで通り、亮さんと、お付き合いお願いします。私の心には、亮さん、淳が、いつまでもいます。

反対を押し切って、18歳で未知の世界に入り、頑張って頑張って、今は一握りの中にいます。家庭があります。守っていく義務、頑張るのみです。

人を信じる事は大切ですが、信じすぎるのもね。

大学1年生。これから、人を見つめる事を、勉強してほしいです。

淳、人を裏切らないことを、守ってほしいです。

淳、ケンカばかりしていたけど……優しくなって、香那さんと、孫のおかげかなあと思っています。感謝でいっぱいです。

勉強して来なかった淳です。していたら、ちょっとは、出来た息子でしょうね。

だめでも、当たり前田のクラッカーです。0点でも、頑張れ、です。

ありがとう、母ちゃん。

僕が、あなたのことを書いたこの本は、何点ですか。

今晩も、あなたのフラフープ動画を観てから、寝ることとします。

母ちゃんのフラフープ動画

巻末付録

修士論文2020年度
“ITAKOTO”による
遺書の新しい概念のデザイン より抜粋（1章と3章）

慶應義塾大学
大学院メディアデザイン研究科
田村 淳

研究指導
石戸奈々子教授（主指導教員）
加藤朗教授（副指導教員）
砂原秀樹教授（副指導教員）

第 1 章
序　　　　論

1.1. 研究背景

本研究を実行するきっかけとなったのは筆者のいくつかの体験からである。一つは、筆者が成人してから年に一度、母から「私に何かあっても延命治療をしないで欲しい」というメッセージを２６年間受け取っており、いざ急な判断を迫られた時に、家族が本人の意思に基づいて死に方を滞りなく判断することができた。その後、母がメッセージを残したように自身も娘にメッセージを残すべきだと感じ、実際に娘に手紙を書いた。娘のためにと書いた手紙だったが、書いた結果、自身が大切にしている事が明確になり、今後の人生へのモチベーションが高まる体験をした。もう一つは、イタコが口寄せを行う場面に出会ったことである。クライアントが故人の言葉をイタコから受け取り、涙し、今後の生きる活力を得たと語っていた。スピリチュアルなことかもしれないが、メッセージを受け取ったクライアントは実際に前向きに変化しているという事実があった。これらの体験から、身体も思考も元気なうちに自分の死に方やメッセージを伝えることで遺された人の憂いを取り除くことができ、さらには、思いを遺す側および遺された側の双方にポジティブな変化を与えることができるのではないかと感じた。そこで自身の死に方やメッセージを伝える方法として何かより良い伝え方はないだろうかと考えるようになった。

現在、自身の死に方を伝えるツールとして遺書がある。そこで、遺書を利用することで、ユーザーのモチベーションにポジティブな変化を与えることができるような既存にはないサービスを提供し、新しい文化や価値観の創造を目指したい。本研究では、遺書作成を行うことにより、モチベーションの変化が生まれ、人生を前向きに生きていくことができるのではないかという仮説の元に、モチベーションの変化を検証し、また文字だけではなく動画でメッセージを残す遺書を提案し、遺書動画サービスとしてその設計を検討することとした。

1.2. 日本の現状

1.2.1 社会の変容が生んだ現代の死生観

死は全ての人間にとって普遍的な肉体的現象である。だが、死をどう定義するか、どう受け止めるのかは社会的、文化的なものであり、時代や地域によって異なる。今日、日本では核家族化や少子化が進む中で、大家族が当たり前であった時代に比べ、一つの家族の中でさえ人の死を経験する機会そのものが減っている。また、プライバシーや防犯への意識から地域での人間関係は希薄化し、かつてコミュニティの日々の暮らしの中で目にしてきた隣人の死も見えにくくなっている。家族や地域共同体といった集団が揺らぎ、死は個人化してきているのである。さらに、江戸時代後期の平均寿命は五十年だったという研究報告があるが、ここわずか二、三十年のあいだに、人生八十年の高齢社会を迎えた。老いと病の領域が急速に拡大していく一方で、死というテーマは遠くへ押しやり、覆い隠されてしまっている。人間関係の希薄化、生活環境の変化の影響により、死と向き合うことが少なくなっているのが現状である。[1] [2] [3]

現在、日本社会において死を語ることや、死に方を語ることについてはタブーとされており、家族、近親者、友人であってもほとんどが議論されていない。厚生労働省の調査 [4] によると、自分が意思表示できなくなった際の医療・療養に関する指示をした書面を準備しておくことに関する意識は、図 1.1 に示す通り、一般国民でも 2/3 は賛成しており、明確に反対した人は 2.1 %と少数であるにもかかわらず、人生の最終段階における医療・療養について家族等と話し合ったことがある割合は４０%程度に止まる（図 1.2）。また、事前指示書の作成に賛成してる人のうち、実際に作成している人の割合はわずか８．１%である（図 1.3）。さらに、「どこで最期を迎えたいかを考える際に、重要だと思うこと」の問いに７３．

３%が家族の負担にならないことと回答している（図 1.4)。家族の負担にならないように最期を迎えたいと考えていながら、家族での話し合いや理解を深め合うための議論を先送りにしてしまっている状況である。つまり、我が国では自身の死に方を選択し、それを伝えて遂行することがなされていないのである。これから死を迎える人の最後の尊厳を守ることが難しいことは由々しき事態である。

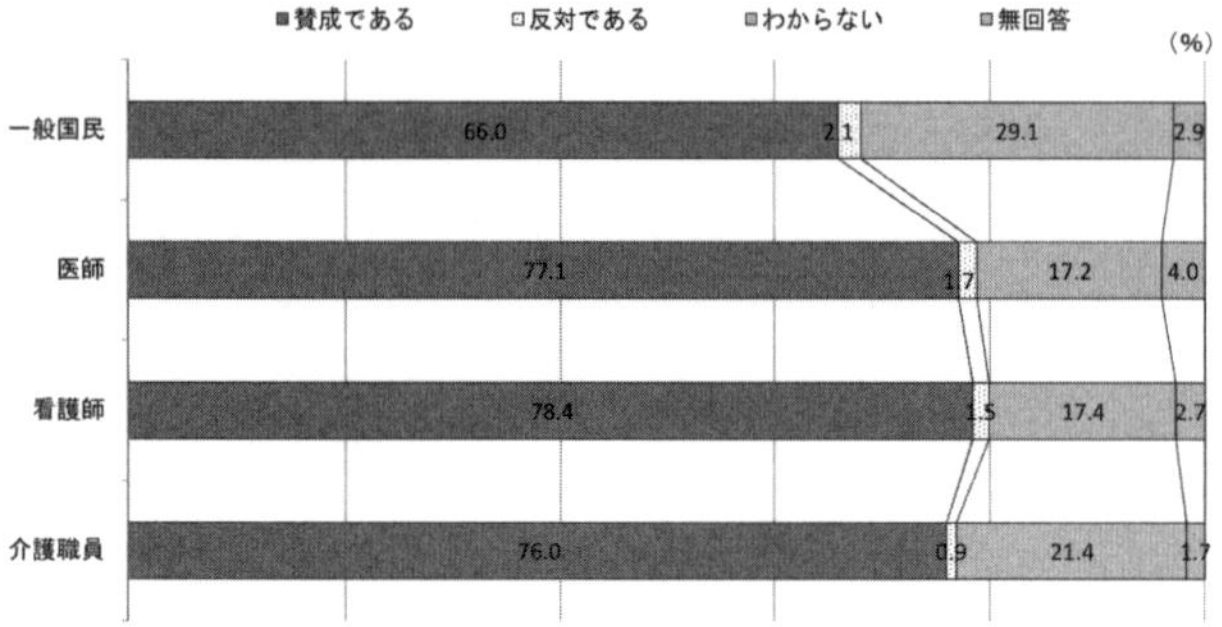

厚生労働省の調査 [4] から引用

図 1.1 指示書の作成に関する意識

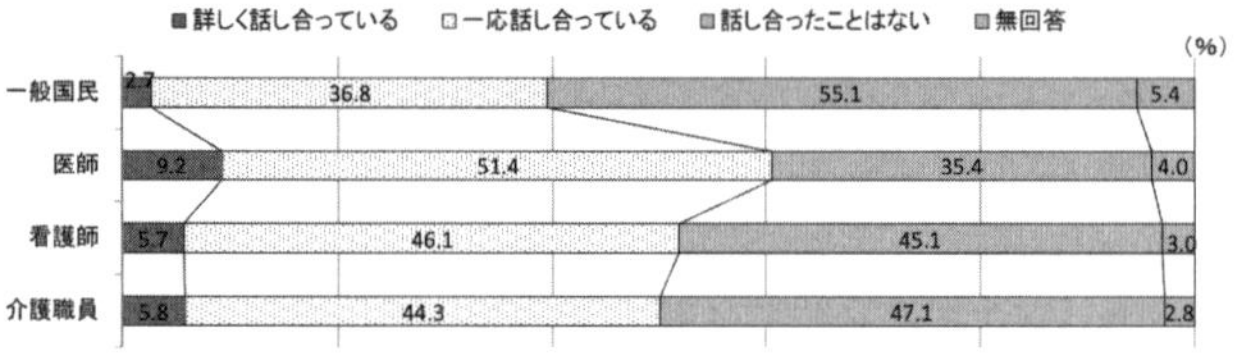

厚生労働省の調査 [4] から引用

図 1.2 指示書について家族等との話し合いの有無

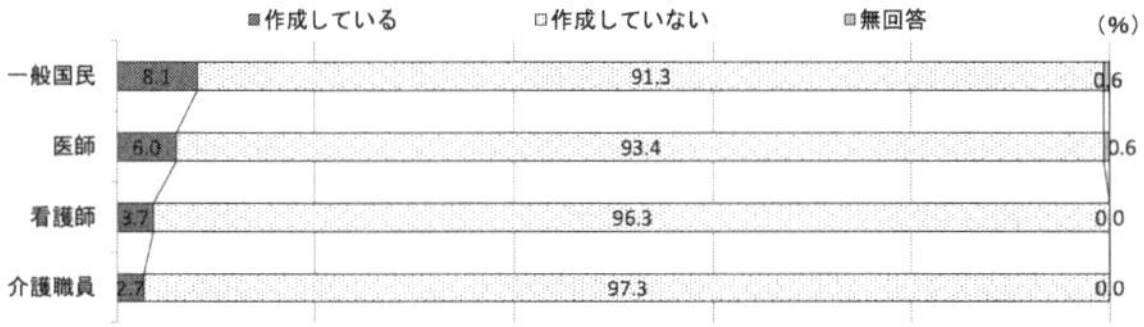

厚生労働省の調査 [4] から引用

図 1.3 指示書の作成状況

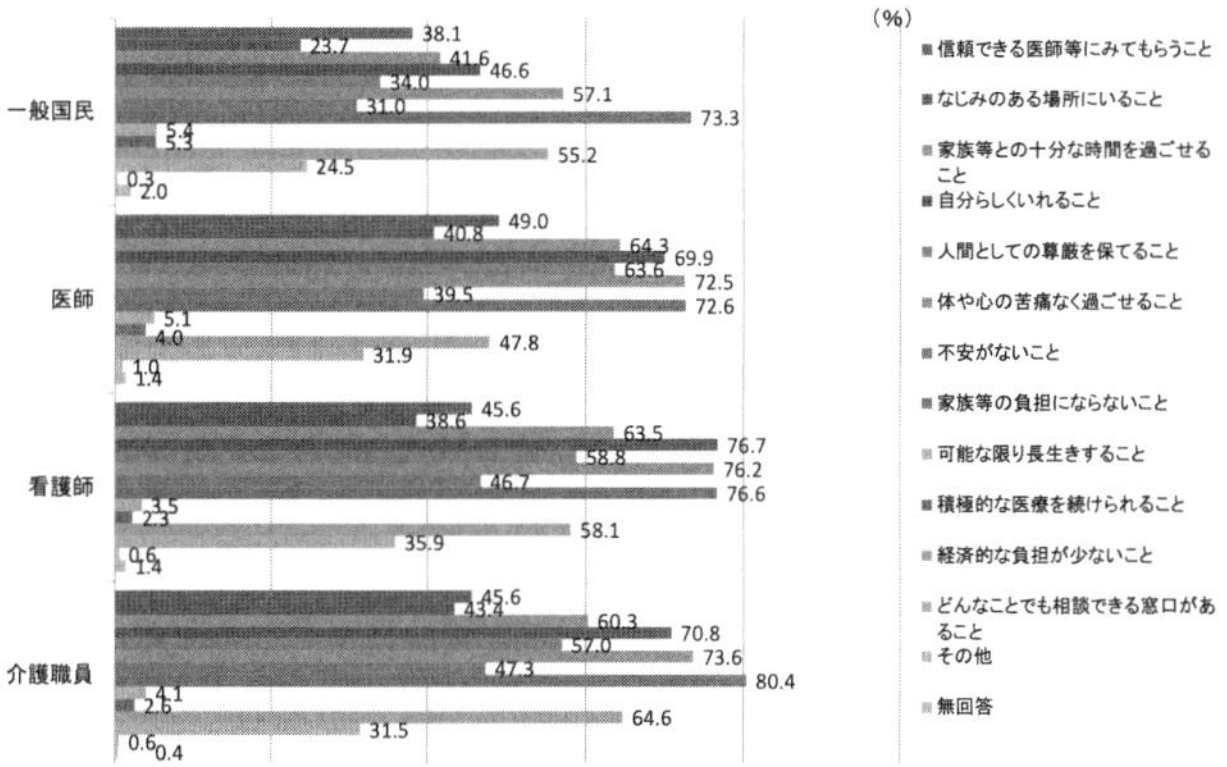

厚生労働省の調査 [4] から引用

図 1.4 最期を迎える際に重要だと思うこと（複数回答可）

1.2.2 遺書の利用

病気などにより回復の見込みがなく、死期が迫っている状態、いわゆる終末期において、本人がその意思を明確に表明できる状況である場合には、その意向表明を尊重するという形がとられることは言うまでもない。しかし、特に問題となるのは、認知症であったり、事故や病気で本人の意識が不明となった状態に陥った場合である。この場合、例えば延命治療を開始するか、あるいは継続するか否かは大きな問題であり、家族や周りの人は判断を迫られる。そのような際に本人の意思が最大限に尊重されることが何より重要である。

自身の死後、自分の意思を伝えることができるものとして遺書が利用されている。生前語ったことはものとして残さなくても相手の心の中に残る。しかし、人の記憶は次第に薄れ、事実とは違った内容として語られることもあり得る。文字として遺すことで、遺した本人の意向や事実がねじ曲げられることがなくなる。この点が遺すことの大きな意味といえる。

日本の歴史を見渡しても、昭和ほど数多くの遺書が書かれた時代はない。戦争に巻き込まれ、国家が破綻に近づいていく中、あらゆる階層、年代の人々が死を身近に置いて日々を暮らしていた。昭和期に書かれた遺書を見てみると、そのときどきの世相や社会の状況が色濃く反映されている。死を身近に感じていた時代だからこそ遺書が数多く書かれていた。しかしながら、死を意識しなくなった現代日本において、遺書は余命宣告された患者や自殺する人のような死ぬ間際の限られた人の利用に止まっている。また、こういった現状から遺書はネガティブなイメージも持たれやすく、さらに敬遠されてしまう一つの要因になっている。しかしながら、本来遺書は思いを正確に伝えることができ、受け取る側にとっても有用なものであり、多くの人に利用されるべきものである。

1.3. 本研究における「遺書」の定義

本研究における「遺書」とは、死ぬ間際だけでなく元気なうちに作成し、自身の気持ちや思いを大切な人へ伝えるためのメッセージのことである。民法第902

条、第968条、第969条等に規程される「遺言」ではなく、法的効力は持たない。

1.4. 研究の目的

大切な人へ思いを伝えるツールである遺書を作成することで、書き手の内発的動機に影響を与え、モチベーションを向上させることができるのではないかと考える。遺書作成がモチベーションに影響を与えることを明らかにすることで、その要因や過程に基づいたサービスの設計を行うことができるようになり、より有用性の高いサービスを提供できるようになる。また文字だけではなく動画でメッセージを残すことでより感情等を反映した遺書を作成することができるようになると考えている。

以上から本研究では、遺書作成によるモチベーションの変化を検証するとともに、その分析結果を活用し遺書動画サービスの設計について検討する。

1.5. 本論文の構成

本論文は、研究背景と本研究における「遺書」の定義と目的について述べた本章を含めて全6章で構成される。第2章では、本研究における関連事例として、遺書と遺言書についてや先行研究について述べる。第3章では、遺書作成がモチベーションに与える影響および人々の遺書に対する意識と課題の把握について、調査方法と結果と考察をまとめる。第4章では、第3章をもとにサービス設計を検討し、プロトタイプを設計する。第5章では、プロトタイプのユーザー評価を検証し、結果と考察をまとめる。第6章では、本研究の結論、今後の課題と展望、およびサービスの実用に向けた改善案について述べる。

第 3 章 遺書作成とモチベーション

3.1. 遺書作成およびアンケート調査

3.1.1 調査の目的と概要

遺書動画サービスの設計に向けて、遺書作成がモチベーションに与える影響、および人々の遺書に対する意識と課題を把握するために、遺書作成および遺書に関する意識調査のアンケートを行った。2020 年 10 月〜11 月、新型コロナウイルスの影響で直接被験者に会うことを避けるために、筆者の Twitter にて先入観等がないよう実験内容は伏せて被験者を募り、端末から複数人での同時参加が可能なビデオ・Web 会議アプリケーション ZOOM で対面した後、実験内容を説明した（図 3.1）。SNS 特性上、素性がわかりにくいので、本名での参加、メールアドレスの登録、可能な限りの面通しが可能な人のみを Google フォームのアンケートへ誘導し、回答を依頼した。Google フォームにて遺書を実際に作成してもらい、また、遺書作成前後で遺書に関する意識調査のアンケートを実施した。被験者は年代、性別問わず募った。

図 3.1 zoom での調査風景

遺書の作成については、下記のガイドラインのもと実施した。

- 静かな個室に一人の状態でご参加お願い致します。
- 十分に時間がある状態でのご参加をお願い致します。
- 調査の様子はレコーディングさせて頂きますが、公開することはありません。
- 今から遺書を書いてみてください。
- 書いて頂いた遺書を公開することはありません。
- 制限時間はありません。
- 何度書き直しても構いません。
- どなた宛でも構いません。
- 書き方や内容は全て自由です。
- 漢字など分からなければ平仮名で構いません。
- 可能な方は書いている姿が映るように画面を調整してください。
- アンケートを開始しましたら、チャットの使用はお控えください。
- アンケート、遺書作成が終わり次第退出して頂いて構いません。
- もしご協力が難しい方は途中でも自由に退出して頂いて構いません。

3.1.2 被験者について

- 被験者は 217 人
- 男性 136 人（62.7 %）、女性 81 人（37.3 %）
- 10 代 16 人（7.4 %）、20 代 64 人（29.5 %）、30 代 63 人（29 %）、40 代 48 人（22.1 %）、50 代 22 人（10.1 %）、60 代 4 人（1.8 %）
- 配偶者あり 84 人（38.7 %）、配偶者なし 133 人（61.3 %）
- 子あり 74 人（34.1 %）、子なし 143 人（65.9 %）

また、被験者の経験や行動に関して、アンケート調査の結果を図 3.2 に示す。

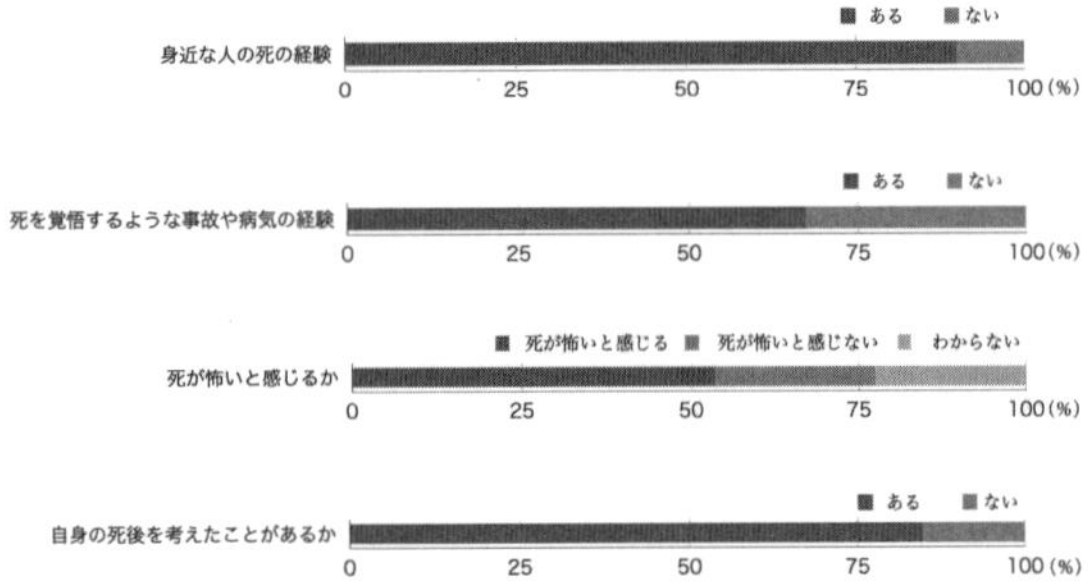

図 3.2　被験者の経験や行動に関して

3.1.3　アンケート調査結果

（1）設問「遺書を書こうと思ったことがあるか」について

遺書作成前のアンケートの設問「遺書を書こうと思ったことはありますか？」について結果をまとめる。性別、年代、配偶者の有無、子の有無、身近な人の死の経験の有無、死を覚悟するような事故や病気の経験の有無、死が怖いと感じるか否か、死後のことを考えたことがあるか否か、の属性による差異も検証した。

遺書作成前の設問「遺書を書こうと思ったことはありますか？」について、あると回答した人は 47.4 %、ないと回答した人は 52.6 %であった。あると回答した人に遺書を書こうと思ったのはどの程度か問うたところ、「思っただけ」と回答した人が 40.8 %と最も多く、次いで「実際に書いた」が 24.3 %であった (図 3.3)。性別で比較すると、遺書を書こうと思ったことがあると回答した男性は 37.8 %に対して、女性は 64.6 %と大きな差が見られ、年代で比較すると、遺書を書こうと思ったことがあると回答した 10 代は 58.3 %、20 代は 43.8 %、30 代は 45.2 %、40

代は54.5％、50代は63.6％と年代が高くなるほど遺書を書こうと思ったことがある割合が高かった（図3.4）。40代、50代は半数以上であった。また、身近な人の死の経験の有無における比較においては、遺書を書こうと思ったことがある割合は、身近な人の死の経験のある人が53.8％に対して、身近な人の死の経験のない人は22.7％であり、死を覚悟するような事故や病気の経験の有無の比較においても、遺書を書こうと思ったことがある割合は、事故や病気の経験のある人が59.3％に対して、事故や病気の経験のない人は23.5％で、ともに大きな差が見られた（図3.5）。また、死を怖いと感じる人、死を怖いと感じない人、死が怖いかどうかわからない人の比較では、死に対して恐怖を感じていない人が遺書を書こうと思ったことがある割合が高く、死に対して恐怖を感じる人および死が怖いかどうか判断できない人が遺書を書こうと思ったことがある割合が低かった（図3.6）。自分の死後について考えたことの有無における比較では、遺書を書こうと思ったことがある割合は、自分の死後について考えたことのある人が52.2％に対して、自分の死後について考えたことのない人は24.2％と大きな差が見られた。

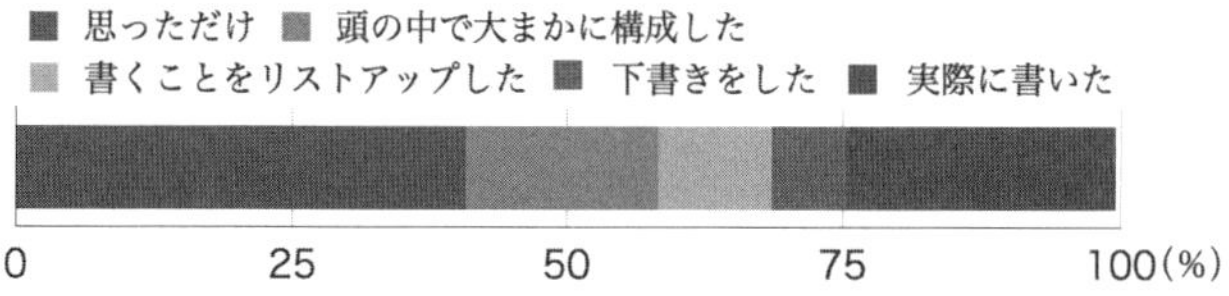

図3.3 遺書への取り組み方

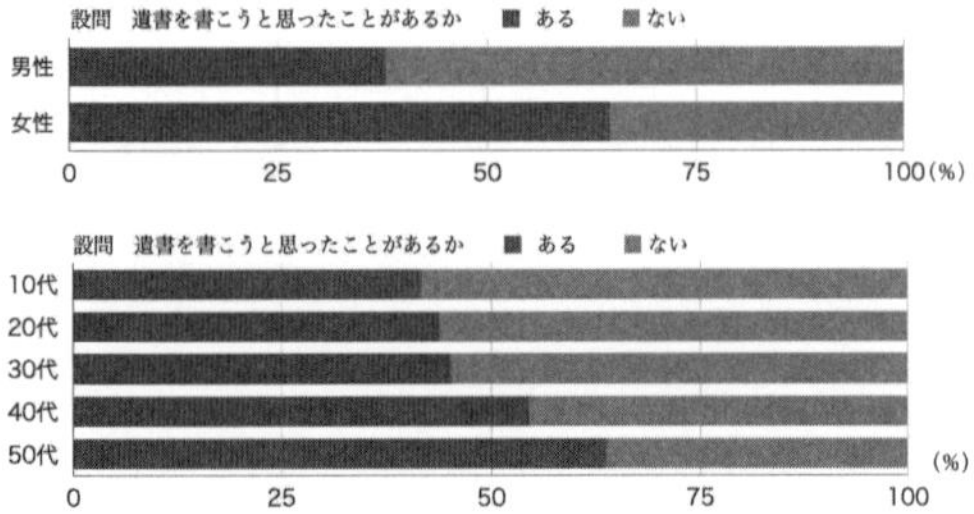

図 3.4　性別、年代別にみる遺書への関心度

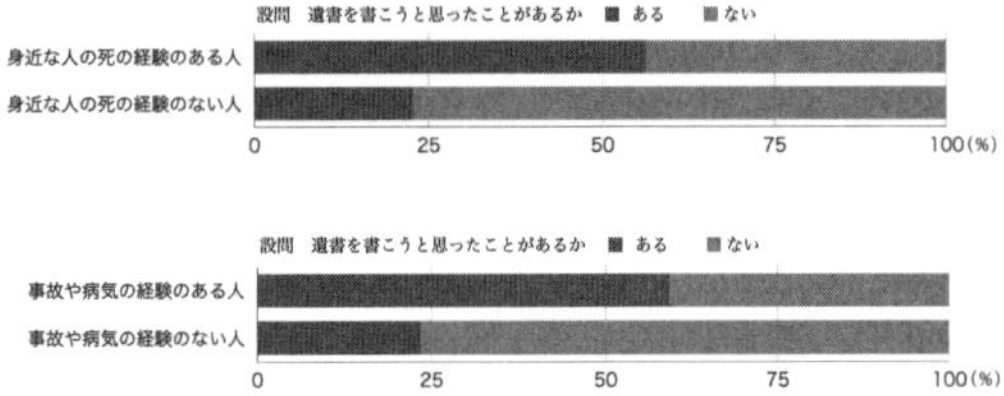

図 3.5　死に関する経験による遺書への関心度

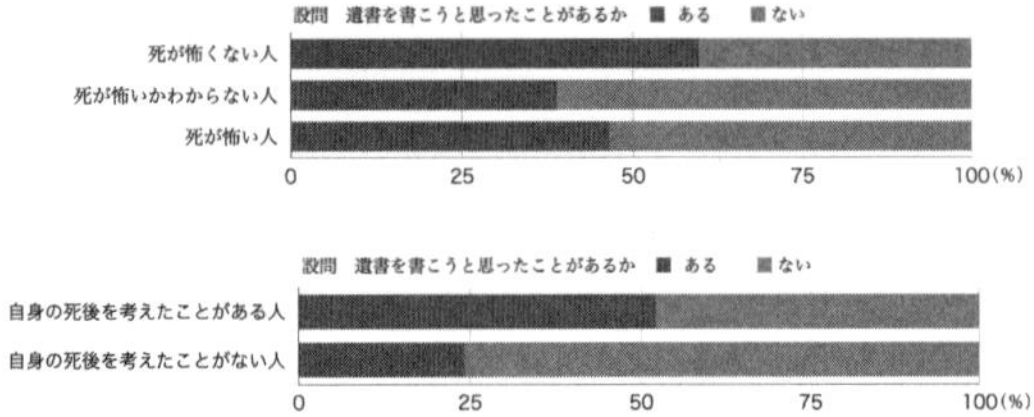

図 3.6　死に対する意識による遺書への関心度

また、「遺書を書こうと思ったことがあると答えた方へ、なぜ書こうと思ったのですか?」については、「その他」と回答した人が38.5%と最も多かった(図3.7)。「その他」を具体的に記述してもらったものを表3.1に示す。「死にたいと思ったから」「いつ死ぬかわからないと感じたから」「財産分与を考えたから」という回答が多かった。

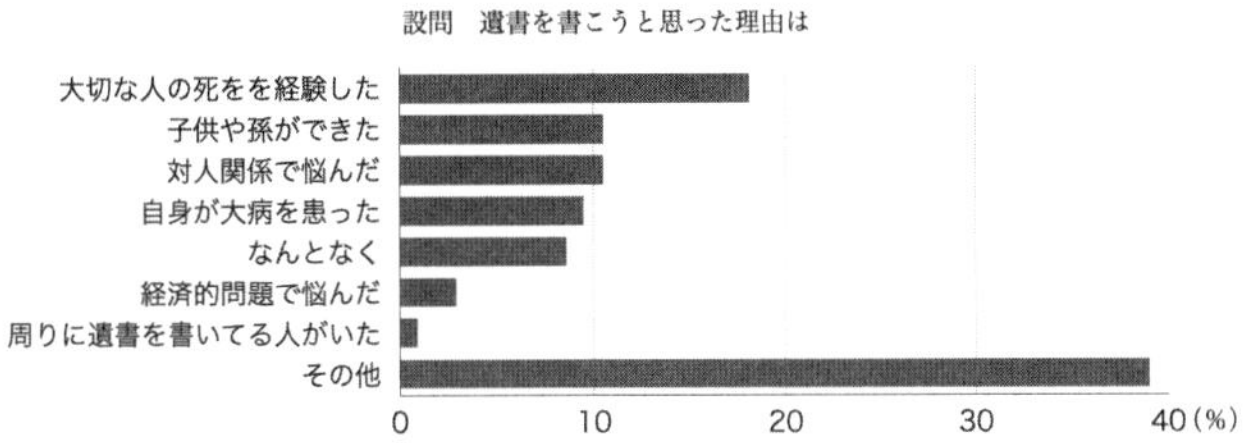

図 3.7 遺書作成の理由

表 3.1 遺書を書こうと思った理由

死にたいと思ったから	7
いつ死ぬかわからないと感じたから	6
財産分与を考えたから	6
他人に勧められたから	5
他人の死に触れたから	1
身近な人に感謝したいから	1

以上のことからまとめると、

- 遺書を書こうと思ったことがあるのは半数程度で、そのうち実際に書いた人は2割程度であった。つまり、遺書を実際に書いたことがある人は全体の1割程度である。遺書を書こうと思っても実際に書くまでに至らない人が多いことがわかった。簡単に気軽に遺書を作成できる機会が必要である。
- 遺書を書こうと思ったことがあるのは男性より女性の方が多かった。女性の方が遺書への関心が高いと考えられる。
- 年代が高くなるほど遺書を書こうと思ったことがある割合が高かった。４０代、５０代は半数以上であった。特に40代以上の人が遺書への関心が高いことがわかった。年齢が高くなるほど、自分の死が身近になってきたり、周りの人の死を体験する機会が増えるため、死について考えることが多く、遺書への関心に繋がっていると考えられる。
- 身近な人の死の経験や、死を覚悟するような事故や病気の経験がある人の方が遺書を書こうと思ったことがある割合が高かった。生死に関する経験の有無が遺書への関心に影響していると言える。
- 死に対して恐怖を感じていない人の方が遺書を書こうと思ったことがある場合が多い。逆に、死に対して恐怖を感じる人および死が怖いかどうか判断できない人の方が遺書を書こうと思ったことがない場合が多い。死に対して恐怖を感じていない人は冷静に死について考えられているが、一方、死に対して恐怖を感じる人や怖いか判断できない人は死を遠ざけ、死について考えることをしていないのではないかと考えられる。普段から死について気軽に考える機会が必要である。
- 自分の死後について考えたことのある人の方が遺書を書こうと思ったことがある割合が高かった。普段から自分の死後について考えていれば、自ずと遺書を作成するという選択肢が出てくるのではないだろうか。
- 遺書を書こうと思った理由から、遺書は自殺や財産分与のためのものという認識の人が多いことがわかった。これは遺書を書いたことがある人が1割程度と少ないことの要因であると考えられる。筆者は遺書とは大切な人への最期のメッセージという認識であるべきだと考える。

（2）設問「遺書をまた書きたいか」について

遺書作成後のアンケートの設問「遺書をまた書きたいと思いますか？」について結果をまとめる。年代、配偶者の有無、子の有無の属性による差異も検証した。

遺書作成後の設問「遺書をまた書きたいと思いますか?」について、はいと回答した人は69.6％、いいえと回答した人は2.8％、わからないと回答した人は27.6％であった。年代で比較すると、遺書をまた書きたいと回答した10代～40代は6～7割であり、50代に至っては9割であった (図3.8)。

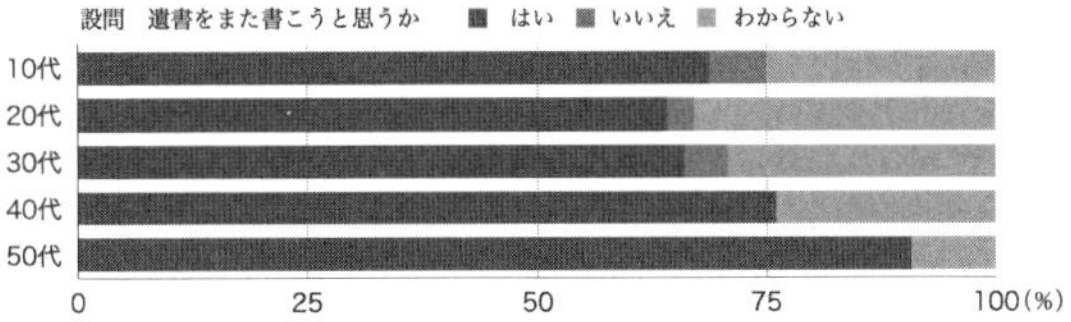

図3.8 年代別にみる遺書再試行への関心度

また、遺書をまた書きたいと回答した人に、次は何を改善したいかについて問い、集計したものを表3.2に示す。「もっと具体的に書きたい」「構成など整理して書きたい」「時間をかけて書きたい」というような回答が多かった。

表 3.2 改善したいこと

もっと具体的に書きたい	27	飾らずに素直に書きたい	5
構成など整理して書きたい	13	書き足りない	4
時間をかけて書きたい	11	法律を学んで書きたい	4
語彙、内容を濃くしたい	8	前向きに、明るく書きたい	4
感謝の気持ちを書きたい	7	簡潔に書きたい	3
もっと丁寧に書きたい	6	他の人にも書きたい	3
一人一人に書きたい	6	特になし	3
書く相手を決めてから書きたい	6	定期的に書きたい	2
手書きにしたい	6		
1 回答群			
残りの人生を改善したい / データで管理したい 家族が知りたいことを織り交ぜたい / 書くときのアドバイスが欲しい　など			

以上のことからまとめると、

- 遺書作成後、遺書をまた書きたいと思った人は7割であった。５０代に至っては9割であった。遺書を一度書いてみるとまた書きたいと思う人が多いと言える。一度目の遺書作成を試してみてもらうことが重要であると考えられる。

- 次回遺書作成の際に改善したいことについて、もっと具体的に、構成など整理して、時間をかけて書きたいというような回答が多かった。いきなり遺書を書くのではなく、書く前に考える時間が必要であることがわかった。下書きなどをすることで、作成者にとって満足度の高い遺書を作成できると考えられる。

（3）設問「遺書は書いた方が良いか」について

「遺書は書いた方が良いと思いますか？」の設問においては、性別、年代、配偶者の有無、子の有無、身近な人の死の経験の有無、死を覚悟するような事故や病気の経験の有無、死が怖いと感じるか否か、自分の死後について考えたことがあるか否か、の属性による結果の差異を検証するとともに、遺書作成前後のアンケートで共通の設問でもあるため、遺書作成前後の変化も検証した。

遺書は書いた方が良いと思うと回答した割合は、遺書作成前後とも8割以上であった。遺書作成前後の変化としては、82.2％から85.4％と微増であった。遺書作成前の調査結果では、身近な人の死の経験の有無における比較において、遺書は書いた方が良いと思う割合は、身近な人の死の経験のある人が85.9％、身近な人の死の経験のない人が72.7％で差が見られた（図3.9）。自分の死後について考えたことがあるか否かにおける比較においても、遺書は書いた方が良いと思う割合は、自分の死後について考えたことのある人が85.6％に対して、自分の死後について考えたことのない人は66.7％と差が見られた（図3.10）。また、遺書を書いた方が良いと思わない人は、配偶者あり、子ありの人にはいなかったが、配偶者なし、子なしの人には1.5％程度いた。遺書作成後の調査結果では、属性による差異はあまり見られなかった。

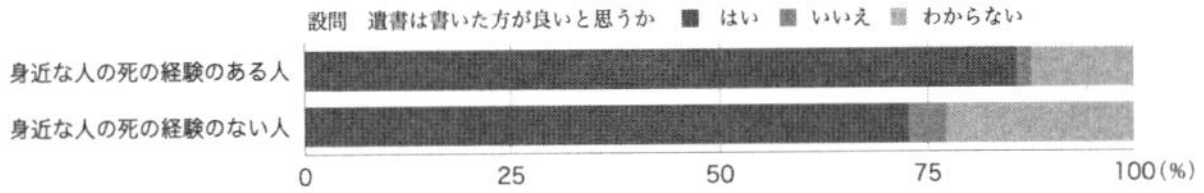

図3.9　死に関する経験による遺書への意識

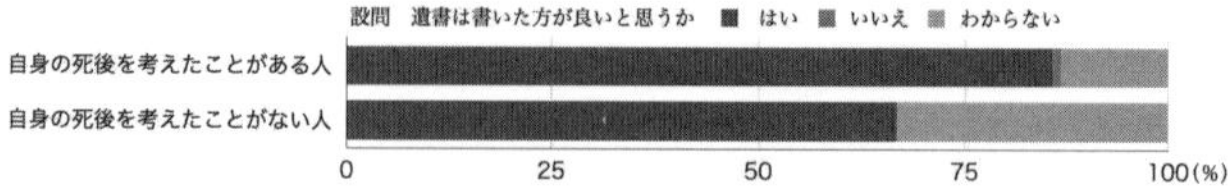

図 3.10 死に対する意識による遺書への意識

以上のことからまとめると、

- 遺書作成前後ともに 8 割以上の人が遺書を書いた方が良いと思うと回答しているにも関わらず、遺書を実際に書いたことのある人は前述の通り少ない。ここでも、やはり簡単に気軽に遺書を作成できる機会が必要であると言える。
- 遺書作成前において、自分の死後について考えたことがある人の方が遺書を書いた方がいいと思う、および身近な人の死の経験がある人の方が遺書を書いた方がいいと思うとわかった。（1）での結果と似たような結果であった。
- 遺書作成前において、配偶者や子を持たない人の中には遺書を書いた方がいいとは思わない人が出てきた。遺書は家族へ書くものという認識の人が多いためと考えると、配偶者や子を持たない人にも、遺書は家族だけでなく大切な人へのメッセージという認識を提示できたら遺書への関心度が上がると考えられる。
- 遺書作成後は属性に影響されないことがわかった。一度遺書を作成すれば属性に関わらず、遺書は書いた方が良いという認識を与えられると言える。

(4)「遺書に対するイメージキーワード」および設問「遺書はいつ書くべきか」について

遺書作成前後のアンケートにおいて、共通の設問として「遺書にどんなイメージを持っていますか？５つキーワードを書いてください。」、「遺書はいつ書くべきだと思いますか？」を設けており、これらの設問において遺書作成前後の変化を検証した。

遺書に対するイメージキーワードについては、遺書作成前後で集計したものを表3.3、表3.4、表3.5に示す。「遺産、財産」「死、自殺」「暗い、怖い」などのネガティブな単語は、遺書作成後に大きく減少しており、逆に「感謝」「未来、希望」「生き方、心の整理」などのポジティブな単語は遺書作成後に大きく増加した。また、「自分」「謝罪」という単語は、遺書作成前にはほぼ見られなかったが、遺書作成後に新たに出現して大きく増加した。

表 3.3　遺書作成後に大きく減ったキーワード

	遺書作成前	遺書作成後
遺産、資産、財産、土地、お金	117	29
死、自殺、死後	127	20
トラブル、暗い、怖い、重い	53	5

表 3.4　遺書作成後に大きく増えたたキーワード

	遺書作成前	遺書作成後
感謝	53	94
希望、未来	21	60
生き方、心の整理	2	25

表 3.5　遺書作成後に新たに出現したキーワード

	遺書作成前	遺書作成後
自分	0	20
謝罪	0	10

また、設問「遺書はいつ書くべきだと思いますか？」の回答結果（図 3.11）は、遺書作成前では「死期が分かってから」と回答した人が最も多く、41.2 %であった。遺書作成後では、「その他」と回答した人が多く、44.0 %であった。「その他」を具体的に記述してもらったものを表 3.6 に示す。「その他」には「定期的に」「書きたいとき」「家族が増えたとき」という回答が多かった。

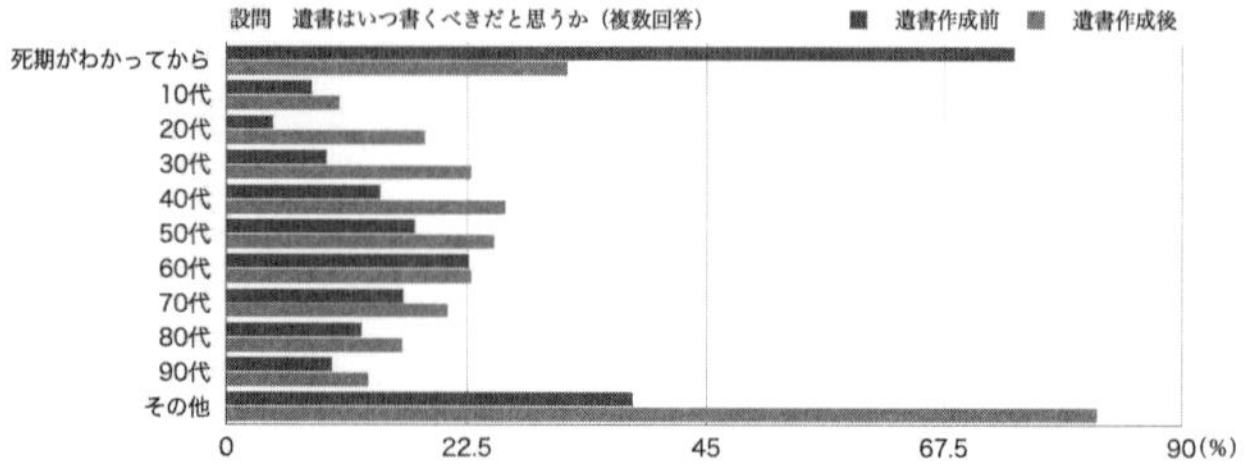

図 3.11 遺書作成のタイミング

表 3.6 いつ書くべきか（遺書作成後）

定期的に	23
書きたいとき	18
家族が増えたとき、または離婚したとき	7
伝達すべき内容ができたとき	6
死を覚悟したとき	4
思考がはっきりしてるうちに	4
早ければ早いほど	3
命の危険が脅かされるとき	3
（1回答群）定年したら/自殺するとき など	

以上のことからまとめると、

- イメージキーワードについて作成前後での変化について、「遺産、財産」「死、自殺」「暗い、怖い」などのネガティブな単語は、遺書作成後に大きく減少しており、逆に「感謝」「未来、希望」「生き方、心の整理」などのポジティブな単語は遺書作成後に大きく増加した。また、「自分」「謝罪」という単語は、遺書作成前にはほぼ見られなかったが、遺書作成後に大きく増加した。遺書作成前後において、遺書に対するイメージはネガティブなものからポジティブなものへと変化したと言える。

- 遺書はいつ書くべきかについて、遺書作成前は「死期が分かってから」という人が多かったが、遺書作成後は「定期的に」「書きたいとき」「家族が増えたとき」という回答が多かった。遺書作成前は遺書は死ぬ間際に書くものという認識の人が多いが、実際に遺書を作成してみると、定期的に書くもの、書きたいときに書くもの、家族が増えたときに書くものなどと遺書への認識が変化した。遺書は何度でも書きたい時に書くことで、伝えたいことがより的確に伝えられる遺書となり、遺書を送る側の満足感が得られると考えられる。また定期的に書いた遺書を全て保存し、遺書の変遷を遺すことでより深みのある遺書が完成すると考える。

（5）設問「今から遺書を書くことに対してどんな気持ちか」について

遺書作成前のアンケートの設問「今から遺書を書くことに対してどんな気持ちですか？」について、集計したものを表3.7に示す。遺書作成前の気持ちは、「良い機会」「楽しみ」などという積極的な気持ちであった人がいる一方、「不安」「怖い」などという消極的な気持ちであった人も同程度いた。「不思議」「何を書いていいかわからない」という回答もあった。

表 3.7 遺書作成前の気持ち

良い機会	11	これから死ぬような気持ち	4
特に何も感じない	11	恥ずかしい	3
ドキドキ、ワクワク	9	面倒	3
不思議	9	楽しみ	3
不安	8	自分と向き合いたい	3
実感がない	8	書けるか疑問	2
戸惑う	8	気が重い	2
前向きな気持ち	8	気合が入る	2
怖い	6	まとまってない	2
何を書いて良いかわからない	6	書くには早すぎる	2
緊張	4		
1 回答群			
穏やかな気持ち / 死を受け止めきれない とりあえずやってみる / 寂しい / 複雑　など			

以上のことからまとめると、

- 遺書作成前の気持ちは、「良い機会」「楽しみ」などという積極的な気持ちであった人がいる一方、「不安」「怖い」などという消極的な気持ちであった人も同程度いた。「不思議」「何を書いていいかわからない」という回答もあった。今回は実験内容を伏せて被験者を募ったので、消極的な気持ちの人や戸惑う人もいたが、そういった人は実際のサービスを利用してくれるところまで至らない。遺書作成に対して、積極的な気持ちを誘発させるものが必要である。

（6）「思ったこと・感じたこと・気づいたこと」および「作成前後での変化」について

遺書作成後のアンケートの設問「遺書を作成してみて思ったことや感じたことや気付いたこと等、何かありますか？」、「遺書を書く前と書いた後に何か変化を感じますか？」について、多かった回答を下記に示す。

- 自分の気持ちの整理ができてスッキリした。客観的に自分をみることができ、本当の自分を知る大切な方法の一つだと気付かされた。
- 感謝が増した。相手のことをより大切にしたいと感じた。
- 明日からしっかり生きようと思った。今からまた一日一日を大切に生きようと思えた。
- 普段死を意識していないということが認識できた。
- 死への恐怖が少し薄れた気がした。死への恐怖がなくなった。
- いつ死んでも伝えたいことが伝わるという安心感が生まれた。今後の不安が少しだけ解消された。少しだけ気が楽になった気がする。
- 実際のイメージより、書き終わった後は気持ちは明るかった。
- 意外と何を書けばいいかまとまらなかった。何をどう書いて良いかわからない。
- 死後の自分の気持ちを書くことは想像し難く、難しかった。
- 相手が辛くならないようなもの、気持ちが軽くなるようなものにしたいと思った。
- 何度も書き直しが必要。状況や気持ちは変化するものなので、都度定期的に更新する必要性があると思った。

以上のことからまとめると、

- 遺書作成後は前向きな思いや気づきがほとんどであった。遺書作成はポジティブな効果を与えることができると言える。
- 何を書けばいいかまとまらない、何をどう書いて良いかわからないという人もいた。遺書について考えたことがないためであると推測できるが、考える機会を与えることで考えもまとまり伝えたい内容も出てくるのではないだろうか。また、見本のようなものや書き方ガイドのようなものを提示することも必要かもしれない。
- 何度も書き直しが必要、定期的に更新したいという人もいた。遺書作成後、遺書に対して前向きな姿勢が見られ、関心が高くなっていると考えられる。

（7）特に気になった回答について

- 実際書いてみると、想像してた内容と違っていて自分でもびっくりだった。
- 書く前はあれこれ伝えようと意気込んでいたが、実際に書いてみると不思議と伝えたいことはシンプルだった。
- 遺言ではなく、手紙だなと感じた。
- 死に直面しないと書けないと思った。死が近くないと具体的な遺書は書けない気がした。
- 今から死ぬのかと錯覚してしまう。少し気持ちが落ち込んだ。
- 死と向き合うことはかなり精神的エネルギーを使うのかもしれなく、僕は今元気だから書けるが、病気になったらわからないなと思った。
- 書面も良いが、実際に話した感じやいつものニュアンスなど、自分の口で説明したいと思った。

- 受け取ることを考えると、文字での遺書より声を聞きたい。日常の何気ないその人の映像などが欲しい。

3.2. インタビュー調査

3.2.1 調査の目的と概要

遺書に対する意識と課題をより深く詳細に把握するために、個別に 1 対 1 のインタビュー調査を zoom にて行った。前述の遺書を作成した 217 人のうち、インタビュー調査に同意した 148 人の中から無作為で 13 人選出し、下記の 3 点を中心に遺書に関するインタビュー調査を 3.1 の遺書作成・アンケート調査の直後に実施した。

- 遺書作成後のモチベーションの変化
- 遺書に対するイメージの変化
- 作成中の心情の変化

また、被験者のうち 5 人に経過観察を目的として、下記の 2 点を中心に 1 週間後にインタビュー調査を再度実施した。

- 遺書作成後のモチベーションの変化
- 作成してからの自身の言動の変化

3.2.2 被験者のプロフィール

被験者 A：28 歳女性 / 精神科看護師

母、兄、妹、祖父の 5 人家族。2020 年 8 月、同僚（顔見知り程度）の死を経験。原因は自殺と推測されている。中学生の時に自殺を考えたことあり。職業柄、患者さんが精神的に病んでいる姿をみて色々と考えさせられる機会が多い環境。

被験者 B：36 歳女性 / 主婦

５歳と２歳の子供がおり毎日、家事や育児に追われる日々で少し疲労困憊気味。

被験者 C：32 歳男性 / 運送業

交際 6 年の彼女と同棲中。3ヶ月前に祖母の死を経験。何の為に働いているのかを見出せないでいる。

被験者 D：36 歳男性 / 小売業

父、母、兄２人、姉の 6 人家族。身近な人の死の経験なし。今まで 3 回遺書を書いた経験あり。最初は中学 1 年の時、世界情勢のニュースなどにより漠然と不安になったため。

被験者 E：38 歳男性 / エンジニア

妻、子の 3 人家族。祖父（95、96 才くらい）の具合が悪い状況。口で何かを説明することが苦手で、文章を書くのもあまり自信がない。祖父の健康状態が気がかりの中、自身の健康診断の結果もあまり良くないことから、死を前よりも意識するようになった。

被験者 F：44 歳男性 / 会社役員

妻、子の 3 人家族。死を覚悟した経験はない。母を早くに亡くしている。コロナの状況の中で漠然とした不安を抱えている。

被験者 G：42 歳女性 / 主婦

夫、子の 3 人家族。10 年前叔母が 40 代で他界。2 年前同級生が自殺。死が自分とは遠い存在と捉えている。

被験者 H：19 歳女性 / 大学生

父、母、妹の４人家族。５年前祖父、大伯母が他界。立て続けに身内の死が続いたことで、死を意識するようになった。

被験者 I：34 歳女性 / 訪問看護師 (兼経営)

夫、子の３人家族。身近な死の経験としては、親族ではないが仕事上月に４、５人の死と向き合っている。看護の現場で月に 3～4 件は看取りを経験している。

被験者 J：21 歳男性 / 大学生

父、母、妹の４人家族。死を覚悟するまでではないが、最近 38 度の発熱をした時に、結果コロナではなかったが少し緊迫した。

被験者 K：24 歳男性 / 大学院生

父、母、妹の４人家族。１年前祖父母が他界。

被験者 L：54 歳女性 / 社会保険労務士

身近な人の死の経験が多い。友人が乳がん、2020 年６～７月に先輩の奥さんが他界。仕事仲間の税理士が脳出血。

被験者 M：50 歳男性 / テレビディレクター

息子２人。離婚歴あり。離婚については子供に詳しく話していない。

3.2.3 インタビュー調査結果

（１）質問「今回遺書を書いてみたのはなぜか」についてまとめる。

被験者 A

「今書くなら自分はどんなことを書くだろうと思った。」

被験者 B

「興味本位、経験がなかったので書いてみたかった。」

被験者 C

「自分が今遺書と向き合ったらどんなことを書くのか興味があった。」

被験者 D

「遺書を書くのは４回目くらい。自分にとっては死がそんな縁遠いものではない。普段通り書いてみようと思った。言ってないことが沢山あるのに普段言えてないから。」

被験者 E

「いつの日か書かないといけないと思っていたけれど、タイミングがわからなかったところに、このアンケートだった。」

被験者 F

「どんなものかなと思って。」

被験者 G

「書く前と書いた後に何か変化があるのか気になった。」

被験者 H

「遺書は全くなじみのないもので、嫌悪感的なものもあり遠い存在であったが、これをきっかけに家族への手紙くらいの位置付けで書いてみようと思った。『今の気持ちとか感謝を、大切な人に伝える』という行為と考えるとハードルが高いものではなかった。」

被験者 I

「書いたことがなかったので書いてみようと思った。」

被験者 J

「書いたことがなかったから。自分でも何を書くのか興味があった。」

被験者 K

「死生観に興味があったから。」

被験者 L

「良いきっかけ。いつ死ぬか分からない。」

被験者 M

「そばに居るのが当たり前になっている人が大切なんだと改めて認識できるのではないかと思い書いてみた。」

遺書を書いてみた動機としては、「書いたことがなかったから」「自分が何を書くのか興味があった」「良いきっかけ」というものであった。

（2）質問 「遺書を書いてみてどうだったか」についてまとめる。

被験者 A

「もっとちゃんと書きたかった。焦って書いてしまった。自分は良い人生だったと言いたいんだなと気づいた。」

被験者 B

「今もし自分が死んでしまったらやり残したことがいっぱいあるんだなということに気がついた。」

被験者 C

「自分が宛てた人に対して、こんなに大切に思ってるのかと知れたことが良かった。普段もうちょっと相手に素直に接したいと思った。」

被験者 D

「遺書は何度か書いたことがあるので、迷いはなかった。」

被験者 E

「何から書けば良いのか戸惑った。無難なものに落ち着いてしまった。もう少し考えて書きたい。」

被験者 F

「結局書かなかった。自分に遺書はいらないかなと思った。母を早くに亡くしており、死は仕方ないことという意識で生きているから。」

被験者 G

「今は健康で死が身近ではないが、ただこの先何が起こるか分からないので考えておかないといけないと思った。準備しておいたほうが良いと思った。」

被験者 H

「元気な状態なので内容もポジティブなもので、書いた後はスッキリした気持ちになった。」

被験者 I

「自分の思っている深いところが出てきた。遺された人が前向きになるようなことを書いた。」

被験者 J

「死を考えることを初めてした。周りを大切に、日々を大切にしようと思った。」

被験者 K

「考えさせられた。これから頑張ろうという気持ちになった。」

被験者 L

「心の整理ができてスッキリした。もっと時間が欲しかった。書く項目を整理したかった。」

被験者 M

「何を書けば良いか悩んだ。書きながらこれで良いのかなと考えながら書いた。細かいところまで書けなかった。死を考えないと実感できないなと思った。」

遺書を書いてみた結果、「スッキリした」「一日一日を大切に」「これから頑張ろう」という前向きな回答や「やり残していることがあることに気づいた」「相手のことをこんなに大切に思っていることに気づいた」という気付きがあったという回答が得られた。また前述のアンケート調査の結果にもあったが、「何を書けば良いか戸惑った」「ちゃんと考えてから書きたかった」という回答もあった。

（3）質問 「遺書に対するイメージはどうか」についてまとめる。

被験者 A

「遺書＝自殺というネガティブなものだったが、いつ死ぬかわからないし、自分の思いを伝える最後の心のやりとりという意識に変わった。ネガティブなイメージは払拭された。」

被験者 B

「死期がわかってから書くものだと思っていたが、認識がガラリと変わった。」

被験者 C

「自分の為になったなぁと感じた。半生を振り返れるので人にも勧めたい。」

被験者 D

「遺書は何度か書いているので、特に大きな変化はなかった。」

被験者 E

「財産を持っている人が書くもの、敷居の高いものという印象だったが、実際書いてみると、家族に対して遺したい言葉が溢れてきた。もっと向き合う時間が欲しかった。」

被験者 F

「悪いイメージはないが必要なものかどうかわからない。」

被験者 G

「自分の親が書いたものをみるのだろうと思っていた。自分が書くという意識は今までなかった。」

被験者 H

「死ぬ間際の人のもの。良いイメージはなかった。書いてみてポジティブに捉えられるようになった。死を改めて感じて、死ぬ前にやりたいことをたくさんやろうと思った。」

被験者 I

「遺される人へのメッセージというポジティブなもの。」

被験者 J

「相続などのネガティブなイメージだった。書いてみて大切な人へ最後に伝えられることというポジティブなイメージに変わった。」

被験者 K

「手紙です。感謝を伝えるもの、自分と向き合うもの。」

被験者 L

「初めは抵抗感があったが、書いてみてそれは軽減された。もっとしっかり書かないといけないと思った。」

被験者 M

「遺書イコール死んでしまうことと思っていたが、書いてみると大切な人への感謝の手紙だなと感じた。」

遺書に対するイメージとしては、ほとんどの人がネガティブからポジティブへとイメージが変化していた。前述のアンケート調査の結果と同様である。また、遺書は大切な人への手紙だと感じた人もいた。

（4）気になった発言や行動がいくつか見られたので特筆する。

被験者 B

本来は静かな個室で遺書作成をしてもらう予定だったが、5 歳と 2 歳の子供から目が離せないということで、お子さんを目の前にして遺書作成してもらった。「いつもはおもちゃを散らかして、汚して、片付けない。愛してはいるのだけど、毎日の家事に追われてイライラして子供達をついつい怒ってしまっていたが、子供達を目の前に真剣に遺書と向き合い自分が死ぬことを想像したら、今まで許せないことも許せるようになった。一緒に過ごせる時間をより大切にしようと思った。」という言葉が印象的だった。

被験者 C

「何から書き始めて良いかわからなかったが、自身が死んだ後に遺された彼女が悲しまないようにしたいという気持ちが固まってからは、ペンがスムーズに動いた。感謝の気持ちを綴っていると自然と涙が溢れて来て、その涙で自分自身が相手のことをどれだけ大切にしてるかを再認識できた」と語っていた。また、「遺書を書き終ってみてこれまで遺書に抱いていたマイナスなイメージから前向きな気持ちになれた」とこれまで抱いてたイメージがこんなにも覆るのかと驚いていたのが印象的だった。遺書作成後から 1 週間後に再度インタビュー調査をした。その後何か変化はありましたか？という質問に「遺書を作成してから彼女への感謝の気持ちが募って、今までよりも優しく接すようになり、仕事帰りの彼女を毎日駅まで迎えに行くようになりました」と笑顔で語っていた。「遺書と向き合う機会を作ってくれてありがとう」という感謝の言葉をもらった。

被験者 G

「はじめて遺書を書いたが、文章力に自信がないので、動画で喋り言葉をそのまま録画した方が私らしさが残せると感じた。しかし動画はどのように撮影すれば良いかわからないし、いざ撮るとなると恥ずかしいし、手間もかかりそうなので音声録音でも良いのかなぁと感じた。自分の親に残してもらえるなら動画の方が表情や声のトーンなどもわかるので親には動画で残してもらいたいと思った。」

被験者 J

「遺書に対してマイナスなイメージしかなかったので、今回遺書を書くことに躊躇したが、書き終わったらポジティブなものに変化した。遺書を書いている最中に自分が先に死んでしまうかもしれないという虚しさと悔しさ、特に彼女に対して置き去りにしてしまう気持ちになってしまい涙が出てきました。」また、「遺書はこの先も書きたいがタイミングが難しい」とも語っていた。今回のような遺書を書く機会を与えるということが大切である。

被験者 K

遺書作成から1週間後のインタビューにて、「遺書を書いてから前向きになったような気がする。これまでは頭の中で、あれやりたい、これやりたいとか考えても、まぁいいかと実際に行動まで起こすことが少なかったが、遺書を作成してからはすぐに行動に移すようになった。英語の能力をあげたいと思い TOEFL の勉強をするようになった。」と顕著に前向きな変化が現れていた。

遺書は静かな個室で書く方が集中できる適した環境だと思っていたが、相手が見える環境で遺書を作成することで想像していなかった効果がある可能性がある。また遺書作成後、時間の経過とともに気持ちの変化が行動に表れている人もいた。これは前向きな変化であり、遺書作成が大きく影響していることがわかった。遺書作成過程には内発的動機を刺激する要因があると考えられる。さらに遺書を文書で作成するより動画で作成する方が遺す側にとっても受け取る側にとっても良いという人もいた。しかし遺書動画はどう撮影してよいかわからず手間がかかりそうと消極的であった。

3.3. 考察

アンケート調査およびインタビュー調査から、遺書に対してネガティブなイメージを持つ人が多いが、一度遺書を書いてみると遺書に対してのイメージがポジティブなものに変化することがわかった。また、遺書作成をすることで、自分の気持ちの整理ができてスッキリしたり、周りの人への感謝が増したり、一日一日を大切に生きようと思うようになったりと、気持ちや考え方も前向きになることもわかった。さらに、自身の大切なことが明確になり気付きを得ることで行動にまで変化が生じることもわかった。これらのことから遺書作成が内発的動機に影響を与え、モチベーションを向上させると考えられる。また、遺書を作成したことで死への不安が解消されて気が楽になるというような効果もみられた。遺書作成は前向きなモチベーションを向上させるだけでなく、憂いを取り除き安心感をも与えうると考えられる。その一方で、遺書を書くことで、自分の死後を強く意識しすぎてしまい、気持ちが落ち込む人も少数ではあるが存在することを認識しておきたい。遺書を書けば誰でもポジティブになるわけではないということは、忘れてはいけない点である。

人にポジティブな影響を与える遺書作成であるが、そこへと促すには、一度遺書作成を体験すると遺書に対する意識が変わり、また書きたいと思うようになるということから最初の一歩が重要である。そのためには簡単に気軽に遺書を作成できることが必要である。また、死について考える機会を増やすことや遺書は自殺や財産分与のためのものではなく、大切な人へのメッセージだと認識してもらうことによって、遺書作成に積極的な姿勢を促せる。さらに、遺書作成後には遺書は死期がわかってから書くものではなく、書きたい時に何度でも定期的に書く必要のあるものという意識に変わる。そこで定期的に書いた遺書を全て保存し、遺書の変遷を遺すことで他の効果も期待されるのではないだろうか。

特筆すべきこととして、自分の口で伝えたい、声や日常の映像を遺してほしいというような人もおり、今回の調査では遺書作成は文書で実施したが、表情や間など文字だけでは伝えきれないことがあるということ、また、本研究における遺書は遺言書とは異なり、法的なものではないことにフォーカスしていることから、次章では動画による遺書を提案することとした。

大切な人と遺書動画を共有しよう。
https://itakoto.life

～あなたの想いを自由に書いてください～

田村 淳（たむら・あつし）タレント。1973年、山口県下関市生まれ。1993年、田村 亮と「ロンドンブーツ1号2号」を結成。バラエティ番組や経済・情報番組などレギュラー番組多数。2019年4月、慶応義塾大学大学院メディアデザイン科に入学。2020年8月より、遺書を動画にして、大切な人に想いを届けるサービス「ITAKOTO」ローンチ。2021年3月、同大学院を修了。

Special thanks
鈴木哲夫　藤井房雄　石戸奈々子　加藤 朗　砂原秀樹　富田麻美
田村久仁子　田村 等　田村 宏　田村香那＆最愛の娘たち

母ちゃんのフラフープ

2021年 5 月31日　初版第一刷発行
2021年11月 1 日　初版第六刷発行

著　者　　田村 淳

構　成　　水田静子
制作協力　家永 洋　小山田瑞那　嶋川雅和（吉本興業）
校　正　　櫻井健司

編　集　　小宮亜里　黒澤麻子

発行者　　石川達也
発行所　　株式会社ブックマン社　http://www.bookman.co.jp
〒101-0065　千代田区西神田3-3-5
TEL 03-3237-7777　FAX 03-5226-9599
ISBN　978-4-89308-942-7
印刷・製本　図書印刷株式会社

定価はカバーに表示してあります。乱丁・落丁本はお取替えいたします。
本書の一部あるいは全部を無断で複写複製及び転載することは、
法律で認められた場合を除き著作権の侵害となります。
©田村 淳／吉本興業／ブックマン社 2021 Printed in Japan
JASRAC 出2006593-001